도산의 영향과
도산기업의 결과예측

도산의 영향과
도산기업의 결과예측

김민철 著

한국학술정보㈜

|목 차|

|표 목차|

|그림 목차|

제1장 서 론

제1절 연구의 목적

　도산은 수익성의 저하, 만기부채에 대한 지급불능, 법적인 파산 또는 정리 등을 총칭하는 용어로서 학문적 연구에서는 그 목적에 따라 각기 다르게 정의되고 있다. 도산은 여러 가지 이유에서 발생하지만 한국은행이 1992년에 70개의 도산기업을 대상으로 조사한 바에 따르면 판매부진, 투자실패, 관련기업의 부도에 따른 연쇄부도가 전체 발생사유의 90.6%를 차지하는 것으로 나타났다. 이러한 결과는 다른 기관의 조사와도 대체로 일치하는데 8개 시중은행의 조사결과에 따르면 매출부진이 44.4%로서 도산의 가장 큰 원인인 것으로 나타났다.[1)

　우리나라의 도산발생추이를 어음부도 건수와 금액 면에서 살펴보면 1980년대에 10년 동안 연평균 265,000건, 9,510억 원이었던 것이 1990년부터 1993년까지 4년 동안에는 연평균 539,000건, 48,070억 원으로 건수에서는 두 배, 금액에서는 다섯 배 이상의 증가를 나타냈다.[2) 특히 이와 관련하여 한진수(1992)는 도산기업의 발생추이가 중소기업에서 대기업으로 수출기업에서 내수기업으로 확산되고 있으며 많은 중견기업들조차 도산위기에 직면하고 있다고 주장하였다. 기업의 도산은 직접적으로 종업원, 주주, 채권자, 거래처

---

1) 도산원인에 대한 자료는 한진수(1992)를 참조하였다.
2) 어음부도 발생금액에 대하여 물가상승요인을 감안하여도 1980년대와 1990년대는 네 배의 차이가 있었다.(물가수정 후 1980년대 금액＝11,784억 원)

에게 피해를 주고 국가 경제적으로 실업의 증가, 연쇄부도에 따른 산업기반의 붕괴, 경기침체, 자원낭비 등을 초래할 수 있다는 점을 감안할 때 도산의 증가는 간과해서는 안 될 문제이며 그 처리의 중요성도 날로 증가되어 가고 있다.

우리나라에서 도산기업을 처리하는 유형은 크게 정부주도형과 기업주도형으로 나눌 수 있다.3) 정부주도형의 대표적인 사례로는 1972년 8.3조치와 1986년 5월부터 1988년 2월까지 5차례에 걸친 개별부실기업정리 및 업종합리화조치이고 기업주도형은 1990년 이후 급격히 증가하기 시작한 회사정리법상의 법정관리제도이다. 1990년 이후 많은 도산기업이 법정관리 제도를 이용하게 된 이유는 1990년 6월 헌법재판소에서 금융기관연체대출금 특별조치법 제7조 금융기관 연체대출금의 담보재산에 대하여 회사정리절차에도 불구하고 경매할 수 있다는 내용이 위헌이라고 결정함으로써 도산기업들에게 법정관리에 대한 유인이 발생하였기 때문이다.(이철송, 1992)

도산기업의 처리문제에 대한 위의 두 가지 처리유형은 과거 경험에 비추어 볼 때 여러 가지 문제점이 지적되고 있다.4) 먼저 정부주도형의 경우 정부개입이 효율성과 공평성을 실현하지 못했고 대부분 제3자 인수방식에 의한 처리가 이루어짐으로써 기존 기업주들의 반발을 초래하였다. 기업주도형처리의 경우에도 제도 자체

---

3) 전성빈(1989)은 도산처리과정에 대하여 정부가 주도하여 도산기업의 부채 탕감, 신규대출마련, 제3자 인수 등의 조치를 취하는 형태를 정부주도형이라 하였고, 도산기업의 경영자, 주주, 또는 채권자가 회사정리법이나 파산법에 의거하여 정부의 관여 없이 처리방안을 모색하는 것을 기업주도형이라 하였다. 본문의 내용은 이러한 기준을 참조하여 분류한 것이다.
4) 도산기업처리의 문제점에 대한 자세한 내용은 전성빈(1989)과 남일총(1993)을 참조하기 바람.

12

의 한계와 법의 적용상 문제점이 나타났는데 특히 법정관리제도는 이해관계자나 법원이 도산기업의 갱생 가망성을 판단함에 있어서 객관적 자료에 의한 공정성보다는 정책성이 우선시되었으며 그로 인하여 법원이 1983년부터 1992년까지 법정관리를 허가해 준 128개 기업 중에서 갱생에 실패한 기업이 56개에 이르렀다.

도산에 관련된 기존연구는 대부분 도산기업과 정상기업을 구분하기 위한 도산예측연구였으며 도산기업만을 대상으로 한 연구는 일부에 불과하였고 더욱이 최근에 도산기업의 갱생수단으로 부각되고 있는 법정관리신청기업만을 대상으로 한 연구는 거의 없었다. 따라서 본 연구에서는 도산기업의 처리문제와 관련된 자료를 보충하고 이를 실무적으로 이용할 수 있도록 하기 위하여 다음과 같은 연구목적을 두고자 한다.

  1) 도산결과에 따라 이해관계자에게 미치는 부의 차이를 조사한다.[5]
  2) 도산결과에 영향을 미치는 변수를 파악하고 이를 이용하여 도산기업의 갱생가능성을 예측한다.

도산결과를 예측하는 연구는 도산결과에 따라 이해관계자들에게 미치는 영향에 차이가 있다는 전제를 두고 있다. 즉 도산기업이 갱생하느냐 청산하느냐가 이해관계자에게 아무런 영향도 미치지 않는다면 도산결과를 예측할 필요는 없을 것이다. 그러나 도산결과에 따라 차이가 발생한다면 도산결과를 예측하는 것은 다수의 이해관계자들에게 유용한 정보가 될 것이다.

그러나 국내에서 아직까지 도산의 결과에 따라 이해관계자들이 어떠한 영향을 받는지에 대하여 조사한 연구가 없었으며 단지 미

---

5) 도산결과(bankruptcy outcome)는 도산기업이 갱생하거나 청산하게 되는 것을 의미하며 자세한 내용은 본 연구의 제2장 제1절의 도산결과를 참조하기 바람.

국의 자료를 간접적으로 이용하여 도산결과를 예측한 연구가 대부분이었다.[6] 따라서 본 연구에서는 국내에서 기업의 도산결과에 따라 채권자와 주주의 부에 어떠한 영향이 발생하는가를 조사하였다.

도산기업의 갱생예측에 대한 연구는 법원 담당자들을 비롯하여 여러 이해관계자들에게 다음과 같은 점에서 유용한 자료로 이용될 수 있을 것이다.

1) 법원: 법원은 도산기업이 법정관리를 신청하면 기업의 제반 여건을 심사한 후 법정관리에 대한 개시 또는 기각을 결정한다. 그런데 법원의 판결오류 중에서 청산가능성이 있는 기업에 대한 개시보다 갱생가능성이 있는 기업에 대한 기각이 더 심각한 문제를 발생시킬 수 있다.[7] 왜냐하면 청산가능성이 있는 기업에 대한 개시결정은 법정관리의 진행과정에서 재평가할 기회가 있으며 이를 통해 기업을 청산시킬 수 있다. 그러나 갱생가능성이 있는 기업에 대한 기각결정은 재평가할 기회가 없으며 오류는 수정되지 않고 그만큼 사회적 손실이 발생한다. 도산결과예측모형은 이와 같이 갱생가능성이 있으면서도 청산하게 되는 기업을 감소시켜 주는 데 이용될 수 있다.

2) 대출업자: 도산한 기업들은 자금의 부족 때문에 신규대출을 절실하게 필요로 하며 대출업자는 신규대출에 대한 의사결정에서 도산기업의 갱생가능성에 대한 정보를 이용하게 된다.

3) 투자자: 주식시장의 투자자들은 법정관리신청기업의 주가를 이용하여 투자전략을 수립할 수 있다. 도산기업이 갱생할 것이라는

---

6) 미국에서는 White(1981, 1984)와 Chun(1984)의 연구에서 도산기업이 갱생하는 경우가 청산하는 경우보다 채권자와 주주들에게 더 많은 부를 준다는 증거를 제시하였다.
7) 1983년부터 1992년까지 10년 동안 법원에서 법정관리를 개시 받은 기업이 갱생하지 못하고 청산한 기업은 44%에 해당하였다. 법정관리에 대한 자세한 내용은 본 연구의 제2장을 참고하기 바람.

정보는 주식시장에서 좋은 소식(good news)으로 간주되고 법원의 판결이나 도산기업이 갱생하기에 앞서 갱생을 예측할 수 있다면 투자자들은 주식시장에서 투자수익을 올릴 수 있을 것이다.

4) 법정관리인: 법정관리신청이 법원에서 받아들여지면 법정관리인이 선임되고 법정관리인은 향후 기업의 정리계획을 수립하여 이해관계자의 동의를 받아야 한다. 이 과정에서 법정관리인은 이해관계자들이 갱생에 동의하도록 협상을 해야 하며 도산기업의 갱생가능성에 대한 정보는 이러한 협상과정에서 법정관리인의 자료로 이용될 수 있다.

국내의 기존연구에서 도산기업만을 대상으로 한 연구는 미흡한 실정이며 특히 도산기업의 갱생과 청산에 따라 이해관계자들의 부에 미치는 영향을 조사한 연구는 없었다.[8] 도산기업의 갱생 또는 청산을 예측한 연구로는 김민철(1986), 이병종(1987), 최익종(1988)이 있었으나 이들 연구는 도산기업의 정의를 유가증권 상장폐지기준에 해당하는 기업으로 한 점에서 법정관리신청기업만을 대상으로 한 본 연구와는 차이가 있다.

제2절 연구의 방법과 연구의 구성

도산결과가 이해관계자들의 부에 미친 영향에 대한 조사에서 이해관계자는 채권자와 주주로 분류하였다. 채권자에 대한 조사는 갱생기업의 경우 정리계획안을 참고하여 채권청구액에 대한 보상액

---

8) 미국의 자료는 White(1981), 전성빈(1988), Fabozzi(1993)을 참고하기 바람.

의 비율로 측정하였고 청산기업은 총무처에서 발행하는 관보를 참
고하여 법정관리폐지기업과 파산법에 의하여 청산한 기업의 보상
율을 측정하였다. 여기에 사용된 표본은 24개의 갱생기업과 8개의
청산기업이다.

주주의 부에 미친 영향에 대한 조사는 두 가지 방법으로 이루어졌
다. 첫째는 도산 전 주주들의 지분이 도산 후에 얼마나 유보될 수 있
는가를 측정하였고 둘째는 주식시장에서 갱생기업과 청산기업이 실
현하게 되는 누적평균초과수익률을 비교하였다. 누적평균초과수익률
의 비교는 재무론의 사건연구(event study)에 의하여 실시하였다.[9]
첫 번째 조사의 표본은 25개의 갱생기업이었고 두 번째 조사에서는
19개의 갱생기업과 18개 청산기업을 표본으로 하였다.[10]

두 번째 목적인 도산기업의 갱생예측연구는 도산결과에 영향을
미칠 수 있는 변수를 선행연구와 우리나라의 실정을 감안하여 선
정하고 1994년 이전에 법정관리를 신청한 상장기업을 표본으로 로
짓분석(logit analysis)을 실시하였다. 선정된 독립변수는 영업권, 유
동성, 영업위험, 무담보자산, 부채규모, 존속기간, 주식수익률 등이
었다. 로짓분석은 종속변수가 범주형 자료이고 독립변수가 연속형

---

9) 사건연구의 갱생에 대한 정의는 도산기업의 갱생예측연구에서 사용된 갱생
   의 정의와 차이가 있다. 그 이유는 두 연구의 목적이 상이하여 사건연구에
   서는 정보유출 시기에 초점을 두어 법정관리의 개시결정을 갱생으로 정의
   한 반면에 후자에서는 법정관리의 정리인가결정을 갱생으로 정의하였기 때
   문이다. 청산에 대한 정의는 법정관리기각 또는 폐지결정이며 두 연구에서
   동일하게 사용되었다. 자세한 내용은 본 연구를 참조하기 바람.(사건연구:
   제3장 제3절, 갱생예측의 정의: 제5장 제1절)
10) 첫 번째 조사에서 청산기업에 대한 표본이 없는 이유는 청산기업에 대한 주
    주의 분배자료를 구하기 어려웠기 때문이다. 다만 청산기업의 주주들은 대
    부분 주식가치를 상실하게 되므로 분배될 재산은 없다고 추측할 수 있다.
    (임채홍, 1985)

자료인 경우에 독립변수가 종속변수에 미치는 영향을 파악할 수 있는 통계기법이다. 기존연구에서 이용된 통계기법은 다중판별분석이었는데 이 방법은 통계적으로 독립변수가 정규분포를 이루어야 한다는 점과 두 집단의 분산이 동일해야 한다는 가정이 필요한데 로짓분석은 이러한 가정을 필요로 하지 않기 때문에 위의 가정을 위배하였을 경우에 발생할 수 있는 문제를 극복할 수 있다.

표본선정과 관련하여 도산결과가 이해관계자에게 미치는 영향에 대한 조사와 도산기업의 갱생예측에 관한 연구에 사용된 표본은 법정관리신청기업이라는 점에서는 동일하지만 추출된 표본대상과 수에는 차이가 있다. 그 이유는 각 경우에 따라 수집해야 하는 내용이 다르기 때문에 자료수집 과정에서 목적에 합당한 표본들을 선정하였기 때문이다. 특히 전자의 표본들은 비상장기업과 상장기업이 모두 포함되어 있지만 후자의 표본에는 비상장기업들의 자료수집이 어려워 상장기업만을 대상으로 하였다.

본 연구는 다음과 같이 총 6개의 장으로 구성되어 있다. 제1장의 서론에 이어 제2장에서는 제도적 배경으로서 도산의 정의, 처리 및 결과와 법정관리절차 및 현황을 살펴보았다. 제3장에서는 도산결과가 이해관계자들에게 미치는 영향을 조사하였으며 제4장에서는 도산기업의 갱생예측에 관한 선행연구의 검토 및 연구가설을 도출하였다. 제5장에서는 도산기업의 갱생예측을 위한 연구 설계 및 실증적 연구결과를 제시하였고 제6장에서는 결론으로서 본 연구의 주요결과와 한계점 및 공헌점을 제시하였다.

제2장 도산의 제도적 배경

본 장에서는 우리나라의 도산과 관련된 제도적 배경을 살펴봄으로써 본 연구의 이해를 위한 기본적 지식을 제공하고자 한다. 제1절에서 도산에 대한 정의와 도산의 처리과정 그리고 도산결과 등을 설명함으로써 도산에 대한 전반적인 내용을 다루고 있으며 제2절에서는 도산에 직면한 상장기업들의 대부분이 갱생의 수단으로써 이용하고 있는 회사정리법상의 법정관리제도에 대하여 그 현황과 절차를 살펴본다.

제1절 도산의 정의와 처리 및 결과

1. 도산의 정의

도산은 전통경제학 이론에 따르면 자본주의의 자유경제체제하에서 비효율적인 기업을 노태시켜 석자생손을 가능케 함으로써 경제전반의 효율성을 제고시키는 제도적 장치로 보고 있는 견해가 우세하다. 이러한 견해는 최근 사회주의체제의 붕괴가 도산이라는 개념 없이 경제단위를 방만하게 운영해온 데에 기인한 당연한 결과라고 할 수 있다(전성빈, 1993).

학문적 연구에서 도산은 연구의 특성에 따라 다양하게 정의될 수 있다. 기존에 우리나라에서 많이 이루어졌던 도산예측연구에서

는 주로 유가증권상장규정 제37조 주권의 상장폐지기준을 도산의
정의로 많이 이용하였다.11) 그러나 본 연구에서는 도산의 정의를
재무적 곤란에 직면한 상장기업이 법정관리를 신청한 경우로 하였
다. 이와 같이 기존의 도산연구와 다르게 정의한 이유는 1990년 이
전에 도산기업의 처리가 정부주도형과 기업주도형 등 다양한 형태
로 이루어졌기 때문에 표본 확보 측면에서 도산을 넓게 정의하였
으나 1990년 이후에는 도산기업의 처리가 주로 기업주도형에 의하
면서 도산한 상장기업들의 대부분이 법정관리를 신청하고 있다는
점에서 표본 확보에 어려움이 없고 또한 표본의 동질성을 높일 수
있기 때문이다.

2. 도산의 처리

도산기업의 처리방식은 서론에서 살펴본 바와 같이 정부주도형
과 기업주도형으로 크게 나눌 수 있다. 그러나 정부주도형은 1990
년 이전에 정책적인 차원에서 이루어지는 경우가 많았기 때문에

---

11) 유가증권상장규정 제37조 주권의 상장폐지기준
　　① 형식 요건의 미달
　　　　가. 사업보고서 미 제출
　　　　나. 감사의견의 부적정 또는 의견거절 3년 계속
　　② 실질 요건의 미달
　　　　가. 영업활동정지
　　　　나. 부도발생 또는 은행과의 거래정지
　　　　다. 자본전액잠식 3년 계속
　　③ 회사정리절차신청 또는 개시
　　④ 해산
　　⑤ 공시의무위반

일정한 절차를 갖추었다고 보기는 힘들고 또한 최근에는 대부분 기업주도형에 의하여 도산기업이 처리되고 있으므로 본 연구에서는 기업주도형에 의한 도산처리과정을 중점적으로 살펴본다.

기업주도형의 도산처리는 법외적인 처리와 법적인 처리로 구분할 수 있다. 법외적인 처리는 자금 부족상태에 빠진 채무자가 채권자와의 협의를 통해 일부 채무의 삭감을 유도하고 같은 법인이나 상호로 기업 활동을 계속하면서 기업을 회생시키거나, 제3자 등에게 양도하는 절차를 밟는 것이다. 최길현, 권영택(1988)은 이런 형태의 기업도산은 표면에 부각되지 않는 경우가 많아서 구체적으로 알 수는 없지만 중소기업의 경우 상당 부분의 도산이 이러한 형식을 통하여 정리된다고 하였다.

법적인 처리는 채무자가 사적인 방법으로 도산을 처리하지 못하는 경우 법률에 의존하여 도산을 처리해 나가는 과정으로써 파산법, 상법, 화의법, 회사정리법의 네 가지 방법이 있으며 구체적인 내용은 다음과 같다.

첫째는 파산법에 의한 파산절차로서 기업이 채무변제가 불가능한 경우 법원은 채권자나 채무자의 신청으로 기업의 재산을 관리, 처분하여 이해관계자에게 분배하는 제도이다. 파산기업의 재산분배는 절대우선원칙(absolute priority rule)에 따라 담보채권자, 무담보 채권자, 주주의 순으로 우선순위가 정해지며 이 경우 주주는 소유주식의 가치를 완전히 잃게 되는 것이 보통이다(임채홍, 1985).

둘째는 상법의 청산절차로서 해산사유가 발생한 기업의 모든 법률관계를 종료하고 그 재산의 분배를 목적으로 하는 제도이다. 해산사유에는 파산 이외에도 합병, 주주총회의 결의, 법원의 파산명령 등이 포함된다. 파산절차와의 차이점은 파산이 채무초과가 원인이 되어

기업을 소멸하게 되는 절차임에 비하여 청산은 채무초과현상이 발생하지 않았어도 다른 이유에 의하여 기업을 소멸시키게 될 때 이용할 수 있는 제도이다.

셋째는 화의법에 의한 화의절차로서 채무초과로 파산원인이 발생하였으나 파산을 방지하기 위하여 채무자가 채무변제 등과 같은 화의의 조건을 법원에 제공하고 채권자집회의 가결과 법원의 인가를 얻어 전 채권자에게 효력을 미치게 하는 제도이다. 화의는 파산을 방지하는 절차라는 점에서 파산과 구별되며 후술하는 정리절차가 강력한 기업구제수단으로서 모든 이해관계자에게 영향을 미치는 데 반하여 화의는 소극적 구제수단으로서 채권자에게만 영향을 미친다. 화의법은 실무상 회사정리법에 비해 거의 이용되지 않고 있다. 그 이유에 대하여 임채홍(1992)은 일반인들의 인식부족 때문이라고 지적한 반면에 김광년(1992)은 화의조건의 실행이 법원의 관장을 받지 않아서 실효가 떨어지기 때문이라고 하였다.[12]

넷째는 회사정리법에 의한 정리절차로서 재정적 궁핍에 처한 기업이 법정관리신청을 하는 경우 법원의 관리하에 적극적으로 회사갱생을 도모하는 제도이다. 최근에 도산한 기업들이 회사정리법을 이용하여 갱생을 시도하는 사례가 늘어나면서 사회적 관심이 높아지고 있다. 이에 대하여는 다음 절에서 상세히 기술한다.

기업의 도산처리를 요약하면 도산기업은 법률에 의하지 않고 채권자와 채무자 쌍방 간의 합의에 의하여 채무조정을 시도할 수 있으며 법적인 방법은 이해관계자 간에 의견 조정이 이루어지지 않는 경우 파산, 청산, 화의, 정리 등의 제도를 이용하여 도산을 처리하게 된다.

---

12) 본 문은 1992년 3월 22일 회사정리법의 제 문제에 대한 각계인사의 좌담회에서 거론된 내용으로 김광년(1992)을 참고하였다.

3. 도산의 결과

도산기업이 도산처리과정을 거쳐 종국적으로 처하게 되는 결과
는 갱생과 청산이다. 도산처리과정에서 화의와 정리절차는 갱생을
위한 것이고 청산과 파산절차는 청산을 위한 것이다.

갱생은 도산기업이 도산사유를 해소하고 정상화되는 것을 의미
한다. 갱생방법은 기업과 채권자의 합의에 의하여 이루어지는 사적
갱생과 쌍방 간에 합의가 불가능한 경우 법률에 의존하여 갱생시
키는 법적 갱생이 있다. 각국의 법적갱생을 규정한 제도를 살펴보
면 미국의 파산법 제11장(Chapter 11), 일본의 회사갱생법 그리고
우리나라의 회사정리법과 화의법 등을 들 수 있다.

회사정리법에 의한 갱생과정을 간략히 소개하면 다음과 같다. 기
업이 법정관리를 신청하는 경우 법원은 일정한 조사를 거쳐 법정관
리의 개시와 기각에 대한 판결을 한다. 이때 법정관리의 개시결정이
내려졌다고 해서 법정관리가 시작되는 것이 아니고 법원이 선임한
관리인은 일정기간 내에 장래 회사의 운영과 채무변제에 대한 내용
을 포함하는 정리계획안을 작성하여 법원에 제출해야 한다. 법원은
정리계획안이 제출되면 이해관계자들을 소집하여 정리계획안의 동
의 여부를 확인한다. 모든 이해관계자 집단이 정리계획안에 동의하면
법원은 정리계획안을 다시 심사하여 인가 여부를 결정하고 인가결정
이 나면 그때부터 법정관리가 시행되게 된다. 법정관리에 대한 최장
시행기간은 20년이며 그 이내라도 정리계획의 수행이 완료되었거나
또는 수행될 것이 확실하다고 인정되면 기업은 갱생하게 된다.

청산이란 기업의 소멸을 의미한다. 기업이 청산하게 되면 재산을
처분하여 절대우선원칙에 따라 배분하고 법인격을 소멸시키게 된

다. 도산기업은 갱생을 시도하기 위하여 법정관리를 신청할 수도 있고 처음부터 청산을 택할 수도 있다. 그러나 법정관리를 신청한 기업이더라도 항상 갱생에 성공하는 것이 아니고 법정관리의 각 단계마다 일정한 조건에 부적합한 기업은 청산하게 된다.

<그림 1> 도산의 처리와 결과

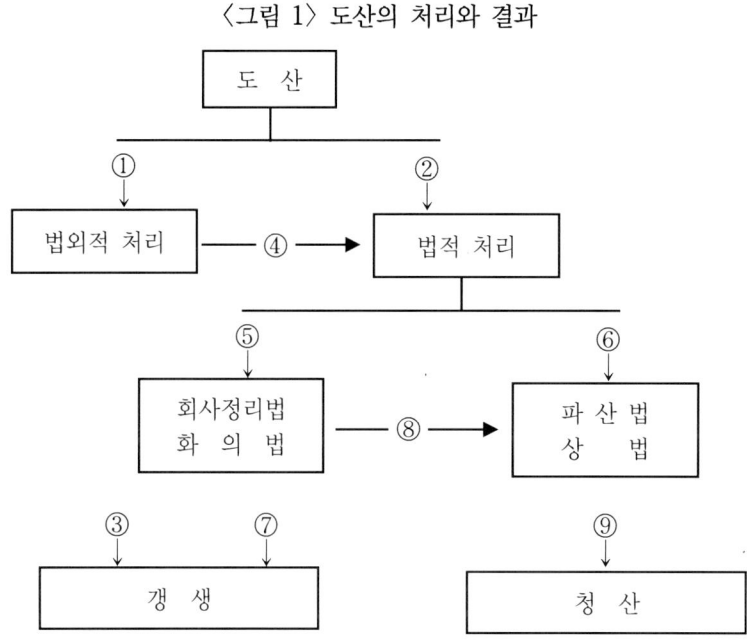

①: 법외적인 방법에 의한 갱생의 시도
②: 법적인 방법에 의한 도산의 처리
③: 채권자와 채무자의 사적 합의에 의한 갱생
④: 사적 합의에 실패하여 법에 의존하는 경우
⑤: 회사정리법이나 화의법에 의한 갱생의 신청
⑥: 파산법이나 상법의 규정에 의한 청산의 신청
⑦: 회사정리법이나 화의법에 의한 갱생
⑧: 회사정리법이나 화의법에 의한 갱생실패로 청산을 신청
⑨: 파산법이나 상법의 청산규정에 의한 청산

법정관리를 신청한 기업이 갱생에 실패하여 청산하게 되는 첫 번째 경우는 법정관리신청이 법원으로부터 기각될 때이다. 두 번째 의 경우는 비록 개시결정이 내려졌더라도 이해관계자들이 정리계 획안에 동의하지 않아서 법정관리가 폐지될 때이다. 세 번째 경우 는 이해관계자의 동의를 얻어서 법정관리가 시행되더라도 정리계 획에 대한 수행이 불가능하다고 판단되는 경우에 법원은 언제든지 법정관리의 폐지를 결정할 수 있는데 이 경우에도 기업은 청산된 다. 지금까지 설명한 도산의 처리와 결과를 도식화하면 〈그림 1〉과 같다.

제2절 회사정리법에 의한 법정관리

우리나라의 회사정리법은 일본의 회사갱생법을 토대로 1962년 12월에 제정되었으며 일본의 회사갱생법은 제2차 세계대전 후 미 국식 제도를 도입하는 과정에서 미국의 파산법 제10장 회사갱생 (Chapter 10 Corporate Reorganization)을 수용한 것이다.[13] 따 라서 미국, 일본, 한국의 규정이 비슷한 형태를 가지고 있다.

법정관리는 재정적 궁핍으로 파탄에 직면하였으나 갱생가능성이 있는 주식회사에 대하여 이해관계자의 승인 하에 법원의 감독을 받아 재건을 도모하는 제도이다. 그러나 법정관리 자체가 법률용어 는 아니며 은행의 부실기업에 대한 임의관리에 대응되는 개념으로 사용된다. 법정관리에 대한 법률용어는 회사정리인데 실무에서는

---

13) 미국의 회사갱생규정은 1979년까지 파산법(Bankruptcy) 10장과 11장에 흩어져 있다가 1979년 10월의 개정에서 11장으로 통합되었다.

회사정리라는 용어가 기업을 살린다는 의미보다는 청산한다는 의미가 짙어서 별로 사용되지 않으며 일본에서도 회사정리법 대신 회사갱생법이라는 용어를 사용하고 있어서 변경의 필요성이 제기되고 있다. 따라서 본 연구에서는 특별한 경우를 제외하고는 회사정리보다 법정관리라는 용어를 사용한다. 이하에서 기술할 법정관리의 절차를 간략히 도표화하면 〈그림 2〉와 같다.

1. 법정관리의 절차

법정관리를 신청한 기업이 완전히 갱생에 성공하기 위해서는 다음의 모든 법정관리절차를 완료하여야 한다.

(1) 회사정리절차개시신청: 법정관리는 기업이나 주주 또는 채권자가 신청하며 법원이 강제적으로 집행하는 경우는 없다. 신청할 때에는 이유를 법원에 밝히고 일정한 금액을 예납하여야 하며 개시신청과 더불어 재산보호처분신청도 동시에 한다.

(2) 법원의 조사: 법정관리의 신청이 있는 경우 법원은 개시 또는 기각을 결정하기 위하여 대표자 또는 관계인을 심문하거나 필요하다면 조사위원을 선임할 수도 있다. 조사위원은 법률상 조사에 필요한 학식과 경험이 있는 자로서 이해관계가 없는 자를 선임하도록 되어 있다.

〈그림 2〉 법정관리의 절차

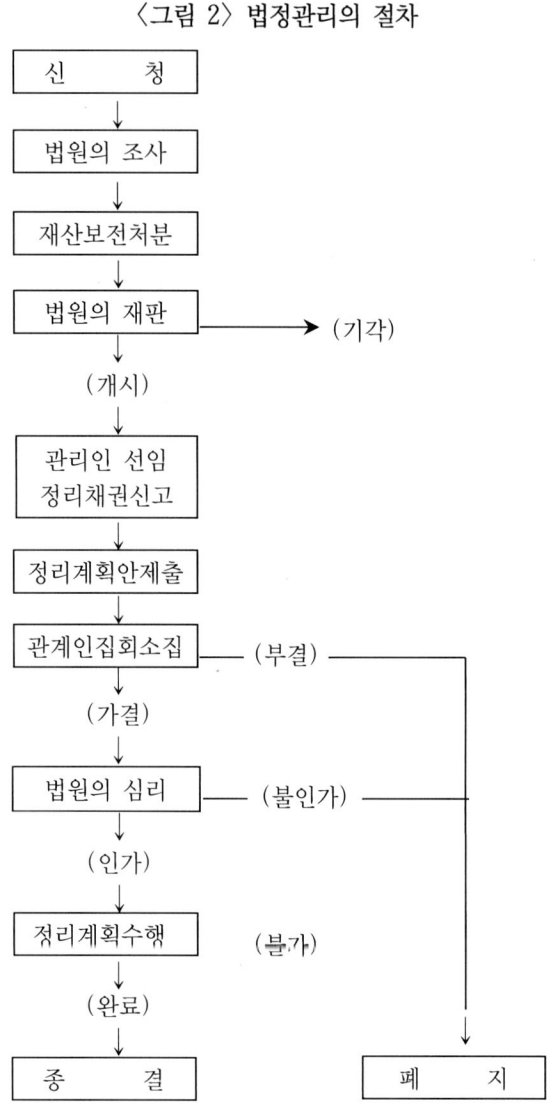

(3) 재산보전처분: 필요하다고 인정되는 경우 법원은 법정관리
에 대한 판결 전에 회사재산에 대한 보전처분을 할 수 있다. 재산

보전처분은 회사재산의 처분금지, 채무변제와 채권발행금지는 물론
보전관리인을 선임하여 재산을 관리하도록 하는 조치로서 채권자
의 권리가 동결되기 때문에 기업으로서는 정리절차개시에 대한 청
신호로 간주하게 된다.

  (4) 법원의 재판: 조사위원회의 자료가 제시되면 법원은 재판을
실시하여 신청이유가 부적당하면 기각하고 적당하면 개시결정을
내린다. 1992년 이전까지 법원에서 법정관리신청기업의 개시와 기
각을 결정하기 위해 사용한 성문규정은 없었다. 다만 법원에서 암
묵적으로 사용된 기준으로는 수익력, 업종, 기업규모, 자산구성, 로
사관계, 자금동원력, 유휴자산현황 등이 있었다.[14] 그러나 1991년부
터 법정관리를 신청하는 상장기업이 갑작스럽게 증가하면서 법정
관리에 대한 특혜의혹을 받게 되자 대법원에서는 1992년 7월에 회
사정리사건처리요령에 대한 예규를 만들어 각급 법원에 통보하여
판결에 참고자료로 활용하도록 하였다. 예규 내용에 따르면 법정관
리신청을 가급적 기각해야 할 기업으로 자산 2백억 또는 자본금
20억 원 미달기업, 설립된 지 5년 미만이거나 주식분산이 안된 족
벌가족기업, 부동산 및 재고를 지나치게 많이 갖고 있는 기업, 재
벌그룹의 계열기업, 환경오염 유발기업 등이다.[15] 이러한 규정은
실질적으로 각급 법원에서의 법정관리신청에 대한 기각률을 상승
시켰다.[16]

---

14) 1992년 3월 23일 대한변호사회좌담회에서 양삼승 판사의 발언내용이며 이
    에 대한 자세한 자료는 김광년(1992)을 참조하기 바람.
15) 법원예규 92-5 [회사정리사건처리요령].
16) 1983년부터 1991년까지 법정관리개시 226개 기업, 기각 56개 기업으로 개
    시: 기각이 80:20이었으나 1992년 한 해 동안 개시 44개 기업, 기각 35개
    기업으로 개시: 기각이 55:45로 나타나 기각기업이 대폭 증가하였다.

(5) 관리인 선임과 정리채권 등의 신고: 개시결정이 내려지면 관리인이 선임되고 선임된 관리인에게는 회사운영과 재산의 관리 처분권이 주어진다. 법정관리신청 전에 발생한 회사에 대한 채권은 원칙적으로 정리채권이 되며 정리채권에 담보가 있으면 정리담보권이 된다. 정리채권자, 정리담보권자 및 주주는 법원이 정하는 기간 내에 그 권리를 신고하여야 한다. 기간 내에 신고하지 않으면 특별한 경우를 제외하고는 권리를 잃는다.

(6) 정리계획안의 제출: 관리인은 법원이 정한 기간 내에 정리계획안을 법원에 제출하여야 한다. 정리계획안이란 장래에 會社의 운영계획과 채권변제 및 주식처리에 대한 계획을 수록한 것이다.

(7) 관계인 집회소집: 정리계획안이 제출되면 법원은 관계인 집회를 소집하여 정리계획안을 심리하고 제출자의 설명과 이해관계인의 의견을 듣는다. 관계인 집회의 정리계획안에 대한 가부결의는 정리담보권자, 정리채권자 및 주주들이 각각 조를 형성하여 정리담보권자조는 사안에 따라 총의결권의 4분의 3 이상 또는 전원의 동의,[17] 정리채권자조는 총의결권의 3분의 2 이상의 동의 그리고 주주 조는 총의결권의 과반수 동의를 얻어야 가결되며 어느 한 조라도 반대하면 이미 개시된 정리절차는 폐지된다. 일부에서는 정리담보권자 전원의 동의가 필요한 요건이 너무 엄격하다는 비판이 있

---

17) 정리담보권자조에 있어서 가결에 필요한 비율은 정리담보권의 기한유예를 정하는 것과 같이 정리담보권자에게 미치는 영향의 정도가 경미한 사항은 총의결권의 4분의 3 이상에 해당하는 동의가 필요하지만 정리담보권의 감면이나 청산 등을 결정해야 하는 중대한 사항은 의결권자 전원의 동의가 필요하다.

다. 즉 정리담보권자의 대부분이 찬성하고 어느 1인만 반대하는 경우에도 정리계획안은 부결되어 불합리하다는 것이다. 일본의 경우에는 이러한 문제점을 해결하기 위하여 의결권의 5분의 4의 찬성이 있는 경우 가결되는 것으로 개정되었다.(임채홍, 1985)

　(8) 법원의 심리: 정리계획안이 관계인 집회에서 가결되면 법원은 심리를 거쳐 인가 여부를 결정한다. 법원에서 불인가되면 이해관계인은 즉시 항고할 수 있으며 항고를 포기하면 정리절차는 폐지된다.

　(9) 정리계획의 수행: 정리계획에 대하여 법원이 인가결정을 하면 관리인은 정리계획에 따라 업무를 수행하게 되고 정리계획의 수행 중에 변경이 필요한 경우에는 다시 수정정리계획안을 제출하여 앞의 과정을 반복해야 한다.

　(10) 회사정리절차의 종결과 폐지: 정리계획의 수행이 완료되었거나 확실하다고 인정되는 때에는 회사정리절차가 종결된다. 반대로 정리계획의 수행이 불가능하다고 판단될 때에는 회사정리절차는 폐지된다.

2. 법정관리의 현황

(1) 신청과 판결에 대한 통계

법원행정처는 1983년부터 법정관리 사건의 중요성을 인식하고

사법연감의 비송사건부에 「회사정리사건표」라는 항목을 추가하여
법정관리신청 및 처리 현황에 대한 전국적인 통계를 수록하였는데
그 내용을 요약하면 〈표 1〉과 같다.

〈표 1〉 법정관리신청 및 처리 현황

년도	신청기업 수 (전년미제포함)	개시결정 전		개시결정 후	
		개시기업 수	기각기업 수	종결기업 수	폐지기업 수
1983	47(63)	31	6	1	3
1984	52(77)	35	9	16	12
1985	40(64)	27	13	2	10
1986	26(35)	8	10	1	5
1987	30(41)	18	1	9	9
1988	26(44)	18	3	6	4
1989	27(47)	29	1	9	3
1990	15(29)	17	4	10	4
1991	64(72)	26	10	8	3
1992	89(115)	44	35	10	3
1993	45(71)	25	19	11	22
1994	68(95)	48	18	5	8
1995	79(106)	32	29	5	23
1996	52(82)	29	17	12	16
1997	132(59)	43	24	11	13
1998	148(220)	92	25	38	23
계	940	522	224	154	161

a) 출처: 「사법연감」 1983-1998년도, 민사소송중 비송사건 부분

〈표 1〉에 의하면 1983년부터 1998년까지 16년 동안 법정관리를 신
청한 기업은 총 940개 기업이었으며 개시결정을 받은 기업은 522개
기업, 기각결정을 받은 기업은 224개 기업으로 나타나 법정관리신청
에 대한 개시와 기각비율은 70% 대 30%이었다.[18] 법정관리신청이

받아들여져 개시된 기업을 대상으로 개시결정 후의 상황을 분석한 결과는 154개 기업이 법정관리종결결정을 받은 반면에, 161개 기업은 법정관리를 받고도 회생하지 못하여 법정관리가 폐지되었다.

〈표 2〉는 법정관리신청기업의 자료수집이 가능한 한도에서 신청부터 종결까지의 법정관리 처리기간을 상장기업과 비상장기업으로 분리하여 나타낸 것이다. 단계별로 표본기업 수가 다른 이유는 각 사건의 확정일을 알 수 있는 기업만을 대상으로 하였기 때문이며 각 단계에 포함된 표본기업도 동일한 기업은 아니다.

상장기업의 평균 소요기간을 살펴보면 신청에서 재산보전처분까지 18일, 재산보전처분에서 개시까지 187일, 개시에서 정리계획인가까지 334일, 정리계획인가에서 종결까지는 약 8년 6개월이 소요되었다. 비상장기업은 신청에서 재산보전처분까지 11일, 재산보전처분에서 개시까지 177일, 개시에서 정리계획인가까지 421일, 정리계획인가에서 종결까지는 약 8년 1개월이 평균적으로 소요되었다. 전체 기업을 종합하여 살펴보면 신청에서 재산보전처분까지 18일, 재산보전처분에서 개시까지 180일, 개시에서 정리계획인가까지 384일, 정리계획인가에서 종결까지는 약 8년 3개월이 평균적으로 소요되었다.

〈표 3〉은 법정관리절차를 통해 갱생을 시도하였다가 기각되었거나 중도에 폐지되어 청산한 기업들의 처리기간을 나타낸 것이다. 이러한 기업들의 자료는 대부분 공개되지 않아 표본 수가 극히 일부에 불과하였다. 특히 비상장기업의 경우 기각 2개 기업, 폐지 1개 기업 등 3개 기업만이 분석에 포함되었다.

---

18) 1983년 이후에 개시 또는 기각결정을 받은 기업 중에는 1983년 이전에 법정관리를 신청한 기업도 포함되어 있다.

〈표 2〉 갱생기업 법정관리처리기간

기간[a)] 기업	신청 - 보전 (일)	보전 - 개시 (일)	개시 - 인가 (일)	인가 - 종결 (년)
상장기업 평균(중간 값) 범위 표본 수(n)	19.2 (11) 3-47 13	187 (125) 87-540 11	334 (334) 197-485 11	8.6 (8.8)[b)] 6-11 4
비상장기업 평균(중간 값) 범위 표본 수(n)	10.5 8-13 2	177 (132) 50-577 26	421 (316) 150-1080 15	8.1(8.8)[c)] 3.5-9.5 24
전체 기업 평균(중간 값) 표본 수(n)[d)]	18 (11) 15	180 (130) 37	384 (334) 26	8.3 (8.9) 28

a) 신청: 법정관리신청일
   보전: 재산보전처분일
   개시: 법정관리개시일
   인가: 정리계획인가일
   종결: 법정관리종결일
b) 소수점 이하는 월수(月收)를 나타낸다(8.6=8년 6개월).
c) 비상장기업의 계산과정에서 자료 불충분으로 보전-개시는 신청-개시에
   서 신청-보전의 평균을 차감하여 계산하였고 인가-종결은 신청-종결에
   서 신청-인가의 평균을 차감하여 계산하였다.
d) 각 단계의 표본기업은 동일한 기업을 대상으로 한 것이 아니며 자료 수집
   이 가능한 경우를 추출하였기 때문에 단계별로 표본 수에 차이가 있다.

〈표 3〉 청산기업의 법정관리처리기간

기업 \ 기간a)	기 각 기 업b)		폐 지 기 업	
	신－보전 (일)	보전－기각 (일)	신청－개시 (일)	개시－폐지 (일)
상장기업 평균(중간 값) 범위 표본 수	21 (17) 7-40 6	99 (48) 4-487 14	159 108-210 2	407 385-428 2
비상장기업 평균(중간 값) 범위 표본 수	0	395 390-400 2	150 1	510 1
전체 기업 평균(중간 값) 표본 수	21(17) 6	136 16	153 3	441 3

a) 신청: 법정관리신청일
   보전: 재산보전처분일
   기각: 법정관리기각일
   개시: 법정관리개시일
   폐지: 법정관리폐지일
b) 기업의 청산은 법정관리기각과 폐지 때문에 발생하며 두 사건은 독립된 것이므로 분리하여 파악하였다.

법정관리신청이 기각된 상장기업의 경우 신청에서 재산보전처분까지 소요기간은 평균 21일, 재산보전처분에서 기각까지는 평균 99일이었다. 법정관리폐지기업의 신청에서 개시까지는 평균 159일, 개시에서 폐지까지는 평균 407일이 소요되었다. 한편 비상장기업의 경우에는 극히 제한된 표본이지만 기각기업의 경우 재산보전처분에서 기각까지 395일, 폐지기업의 경우 신청에서 개시까지 150일, 개시에서 폐지까지 510일이 소요되었다.

전체 기업을 살펴보면 기각기업의 경우 법정관리신청에서 재산

보전처분까지 평균 21일이 소요되었고 재산보전처분에서 기각까지
는 평균 136일로 나타났으나 중간 값은 상장기업의 경우 48일이어
서 기업마다 편차가 컸다. 한편 개시결정을 받았다가 폐지된 3개
기업의 소요기간은 법정관리신청에서 개시까지 평균 153일, 개시에
서 폐지까지 441일이었다.

(2) 상장기업의 법정관리현황

본 연구의 제5장 실증분석에서는 비상장기업에 대한 자료수집의
어려움 때문에 상장기업만을 대상으로 하였다. 또한 최근 들어 상
장기업들의 법정관리신청이 증가하고 있으므로 상장기업만을 대상
으로 법정관리 현황을 살펴본다.

〈표 4〉 상장기업의 법정관리처리 현황[a]

기업 수 \ 년도	신청	개시	기각	인가	종결	폐지
77-80	7	7	0	1	0	0
81-90	13	12	0	13	1	5
1991	8	2	0	1	2	0
1992	18	10	11	3	1	1
1993	5	2	3	6	0	1
1994	8	6	3	3	0	1
계	59	39	17	27	4	8

a) 신청: 법정관리신청, 개시: 법정관리개시
  기각: 법정관리기각, 인가: 정리계획인가
  종결: 법정관리종결, 폐지: 법정관리폐지
b) 법정관리폐지는 두 가지 원인에서 발생한다. 첫째는 이해관계자들의 거부
  이고 둘째는 법원이 정리계획의 수행이 불가능하다고 판단하는 경우이
  다.(8개의 표본 중에서 전자는 7개 기업이고 후자는 1개 기업이다.)

〈표 4〉는 상장기업의 법정관리신청에서 종결 또는 폐지까지의 처리 현황을 년도별로 나타낸 것이며 이에 대한 자세한 자료는 〈부록 1〉에 수록하였다. 법정관리를 신청한 상장기업은 1977년부터 1990년까지 총 20개 기업으로 평균 년 1-2개 기업에 불과하였으나 1991년 한 해 동안 8개 기업의 신청을 시작으로 1992년에 18개, 1993년에 5개, 1994년에 8개 기업이 신청하여 대폭적인 증가 추세를 보였다.

이처럼 상장기업의 법정관리신청이 1990년대에 들어 갑작스럽게 증가한 이유는 80년대 말에 저금리, 저달러가치 및 저유가 등 소위 3저 현상에 힘입어 호황을 누리던 국내외 경제가 고임금 및 고금리 등의 여파로 침체를 겪게 된 데 기인하였을 것이다. 또 하나의 이유를 들자면 1988년에서 1989년 사이에 정부에서 실시한 기업공개업무의 완전자율화 정책에서 찾을 수 있는데 이 시기에 많은 기업들이 주식시장에 기업을 공개하였으나[19] 이 중에서 1990년 이후에 도산하여 법정관리를 신청한 기업은 31개나 되었다. 이것은 동 기간의 법정관리를 신청한 40개의 상장기업 중에서 78%에 해당하는 수치이다. 결국 정부의 기업공개자율화정책은 도산기업을 증가시키는 요인이 되었고 1990년 3월 기업공개요건이 대폭 강화되면서 중단되었다.[20]

1977년부터 1994년까지 법정관리 개시결정을 받은 상장기업은 39개 기업이었고 1992년에 상장기업으로는 처음으로 대도상사가

---

19) 1988년에서 1989년 사이에 공개된 기업 수는 247개로서, 이것은 1968년에서 1987년 사이에 공개된 전체 기업 427개의 58%에 해당한다.

20) 자율화 기간 중 나타난 문제점은 증권회사의 과당경쟁으로 인한 유가증권 부실분석 및 이로 인하여 상장 후 주가의 하락현상, 발행가 과대책정 및 대주주의 소유지분 매각에 따른 과다한 자본이득 실현, 부실감사의 증대, 영세규모법인의 상장에 따른 조업중단 및 부도발생 사례증대 등을 들 수 있다.(장범식 등 1994)

기각판정을 받은 이후 1994년까지 17개 상장기업의 법정관리신청
이 기각되었다. 1992년 이전에 기각기업이 없었던 점은 법정관리절
차가 도산한 상장기업에게 특혜로 작용했다는 증거로 볼 수 있으
며 이에 대한 사회적 비판이 높아지면서 1992년에 총 11개 기업이
기각결정을 받은 것으로 보인다. 개시결정을 받은 기업 중에서 정
리계획인가를 받은 기업은 27개 기업이었고, 정리인가 된 기업 중
에서 법정관리절차를 완료하고 종결결정을 받은 기업은 4개에 불
과한 반면 폐지기업은 8개이었다. 정리계획인가기업에 비하여 종결
이나 폐지기업 수가 적은 것은 그만큼 법정관리가 진행 중인 기업
이 많다는 것인데 이 점은 법정관리기간 동안 모든 채무가 동결된
다는 점을 감안할 때 지나친 특혜의 성격이 있으며 현재 20년으로
되어 있는 법정관리기간을 단축시켜야 한다는 주장에 설득력이 있
다고 할 수 있다.

　〈표 5〉는 법정관리신청기업의 상장기간과 존속기간을 분석한 것
이다. 평균 상장기간은 6년이었고 최단기간 상장기업은 신정제지로
상장 후 5개월 만에 법정관리를 신청하였으며 최장기간 상장기업
은 남한제지로 상장 후 25년 3개월이었다.

　법정관리를 신청한 상장기업들의 평균 존속기간은 21년 3개월이
었고 설립 후 10-20년 사이에 가장 많이 법정관리를 신청하였다.
설립 후 최단기간 만에 법정관리를 신청한 기업은 (주)일신으로 4
년이었고 최장기간의 기업은 근화제약으로 53년이었다.

〈표 5〉 법정관리신청기업의 상장기간과 존속기간

상장기간 (년)	기업 수	존속기간 (년)	기업 수
0-1년 이하	5	0-10년 이하	8
1-3	16	10-20	27
3-5	16	20-30	12
5-10	14	30-40	9
10-20	6	40-50	2
20년 이상	2	50년 이상	1
계	59	계	59
평 균	6년	평 균	21년 3개월
중앙 값	3년 9개월	중앙 값	19년
표준편차	5년 5개월	표준편차	10년 9개월
범 위	5개월-25년 3개월	범 위	4년-53년

〈표 6〉은 법정관리를 신청한 상장기업의 업종별 분포를 나타낸 것이다. 1990년 이전에는 종합건설업에서 도산이 많이 발생하였으나 1990년 이후에는 섬유가죽업, 기계제조업에서 발생빈도가 높았다. 이런 현상은 1980년대에 석유파동과 이에 따른 해외건설붐의 퇴조, 세계경기 위축으로 인한 물동량의 감소로 건설업과 해운업 및 조선업 등이 타격을 입은 원인으로 파악된다. 또한 1990년대에 들어서는 수출의존도가 높았던 전자, 섬유업종에서 도산이 두드러졌으며 상당업체는 수출판로가 막히자 내수전환과 업종전환 등을 시도하면서 무리한 과잉투자 및 이에 따른 금융비용의 증가로 실세 금리가 20%를 상회하는 고금리 상황에 적응하지 못한 데 도산의 원인이 있다. 또한 부동산 경기의 장기침체로 보유 부동산이 자금화되지 못한 것도 도산 이유 중의 하나로 볼 수 있다.

<표 6> 법정관리신청기업의 업종별 분포

업종＼년도	76 -80	81 -90	91	92	93	94	계
어업음식업	0	0	0	2	0	0	2
섬유가죽업	1	2	1	3	1	3	11
나무종이업	0	2	0	2	0	2	6
화학고무업	2	1	1	2	2	0	8
금속광물업	0	1	0	0	0	2	3
기계제조업	1	1	4	7	2	0	15
종합건설업	2	3	0	0	1	0	6
도소매업	0	1	2	2	0	1	6
계	7	12	8	18	6	8	59

<표 7> 법정관리신청기업의 개요[a]

	종업원 수(명)	부채(억 원)	자본금(억 원)
총 규 모	22,507	43,434(23,920)[b]	4,723
평균(N=39)	577	1,113(613)	121
표준편차	557	3,030(535)	107
최대 값	2,652	19,514(2,202)	541
최소 값	100	122	30

a) 대상기간: 1990년-1994년에 법정관리를 신청한 상장기업(표본 수=39)
b) 부채규모에서 한양은 다른 기업에 비하여 현저하게 많아 통계적 예외치에 해
당하므로 한양을 제외한 경우의 통계치임(즉 표본 수=38)

<표 7>은 도산이 사회에 미치는 영향을 알아보기 위하여 1990년부
터 1994년까지 법정관리를 신청한 39개 상장기업을 대상으로 조사한
것이다. 법정관리기업의 총 종업원은 22,507명, 부채규모는 4조 3,434
억 원, 자본금은 4,723억 원이었고 평균적으로 종업원 577명, 부채
1,113억 원, 자본금 121억 원이었다. 다만 1993년에 도산한 (주)한양의
부채는 약 2조 원에 이르러 전체 기업의 약 50%에 해당하였다. 따라서
한양을 제외하면 부채는 총 2조 3,920억 원(평균: 613억 원)이었다.

제3장 도산의 영향에 대한 조사

본 장에서는 도산기업이 갱생 또는 청산하는 경우에 채권자와
주주의 부에 미치는 영향을 조사하였다. 제1절에서 조사방법, 제2
절에서 선행연구의 내용, 제3절에서 채권자의 부에 미치는 영향,
제4절에서 주주의 부에 미치는 영향을 살펴본다.

제1절 조사방법

채권자의 부에 미치는 영향은 갱생기업과 청산기업으로 분류하
여 각 기업집단의 도산 전 채권청구액에 대한 보상율을 조사하였
다.[21] 갱생기업에 대한 자료는 총무처가 일간으로 발행하는 관보에
서 24개 기업의 정리계획인가공고를 참조하였으며 청산기업에 대
한 자료도 관보에서 8개 기업의 회사정리절차폐지공고와 파산공고
를 참조하여 수집하였다.

주주의 부에 미치는 영향은 두 가지 방법으로 조사하였다. 첫째
는 도산 전의 주주지분이 도산 이후에 얼마나 유보되는가를 살펴
보았으며 둘째는 주식시장에서 도산기업의 갱생과 청산이라는 정
보가 각 기업집단의 누적평균초과수익률에 어떠한 영향을 미치는
가를 조사하였다. 전자의 조사가 주식의 액면을 기준으로 주주의

---

21) 여기에서 보상율이란 도산 전의 청구권에 대한 도산 후의 보상액을 의미
   한다.

부에 미치는 영향을 살펴본 것이라면 후자는 주식의 시가를 기준으로 조사한 것이다. 각각의 조사에 이용된 표본은 첫 번째 조사에서 25개 갱생기업만을 대상으로 하였고 두 번째 조사에서는 19개의 갱생기업과 18개의 청산기업을 대상으로 하였다. 첫 번째 조사에서 청산기업에 대한 표본은 자료수집의 어려움 때문에 확보하지 못했다.

제2절 선행연구

지금까지 국내에서 도산기업의 갱생 또는 청산이 채권자 및 주주의 부에 미치는 영향을 조사한 자료는 없었다. 따라서 본 절에서는 미국의 선행연구를 검토하여 본 연구 내용과 비교해 보고자 한다.

White(1981)는 81개의 청산기업과 91개의 갱생기업을 대상으로 이해관계자들의 채권청구액에 대한 보상율을 조사하였다. 그 결과 무담보채권자(unsecured creditor)[22]들에 대한 청산기업의 평균 보상율은 7.5%이고, 갱생기업은 28%이며 주주에 대한 보상은 청산기업의 경우 81개 기업 중 55개 기업에서 아무런 지급도 받지 못한 것으로 나타났다. 이와 비교하여 Chun(1984)은 27개 갱생기업만을 대상으로 연구하였으며 무담보채권자에 대한 평균 보상율이 42.36%이고 주주에 대한 지분유보율은 73%인 것으로 나타났다.[23] 무담보채권자

---

22) 무담보채권자란 담보를 설정하지 않은 채권자들로서 우리나라의 법정관리 제도의 정리채권자에 해당한다.

23) 지분유보율이란 도산기업의 주주들이 도산 이전에 소유하고 있던 주식지분에 대하여 도산으로 인하여 자본감소나 신주발행 등의 조치가 취해진 이후에 유지되는 주식지분의 비율을 의미한다.

42

의 보상율에 대한 두 연구의 차이는 White(1981)의 경우 상장기업과
비상장기업으로 구성된 표본을 이용하였으나 Chun(1984)은 상장기
업만을 대상으로 하였기 때문에 기업규모의 영향이 있었기 때문으로
판단된다. 그 후로 Fabozzi, Howe, Makabe & Sudo(1993)는 파산법
제11장(chapter 11)을 통해 1988년 9월에서 1990년 4월 사이에 갱생
한 26개의 기업을 대상으로 이해관계자들에 대한 지급형태를 조사하
였다. 그 결과는 담보채권자24)에 대한 평균 보상율이 80.3%, 무담보
채권자들은 채권의 종류에 따라 평균 8.8%에서 19.7% 사이였으며
주주들도 우선주의 경우에는 13개 기업에서 주당 평균 341센트, 보
통주의 경우에는 26개 기업에서 주당 평균 49.7센트의 지급을 받은
것으로 나타났다.

　이상의 결과를 종합해 보면 미국에서는 도산기업이 갱생하는 경
우가 청산하는 경우에 비하여 이해관계자들에게 유리한 것으로 나
타났다. 이러한 차이는 기본적으로 갱생기업의 재무상태나 영업성
과가 청산기업에 비하여 우수하였다는 증거라고 할 수 있다.

제3절 채권자의 부에 미치는 영향

　도산기업이 법원에서 법정관리 개시결정을 받으면 법정관리인은
향후 기업의 정리계획을 작성하여 법원에 제출하여야 한다. 그러한
보고서를 정리계획안이라 하며 여기에는 채권변제와 주권처리에
대한 구체적인 내용이 기술되어 있다. 따라서 갱생기업의 경우 채

---

24) 담보채권자는 우리나라의 법정관리제도에서 정리담보권자에 해당한다.

권자에 대한 보상율은 정리계획안의 채권변제계획을 이용하여 구할 수 있다.

청산기업의 채권자에 대한 보상율은 채권청구액과 자산처분가액을 비교하여 얻을 수 있다. 그러나 조사과정에서 자산의 처분가치를 확보할 수 있는 기업은 삼양산업(주) 1개뿐이었다. 따라서 차선책으로 법정관리를 거치지 않았으나 파산법에 의하여 청산한 7개 기업의 재산분배내역을 조사하여 보충하였다.

1. 갱생기업

법정관리의 정리계획안에는 정리담보권과 정리채권에 대한 변제계획기간과 적용이자율이 요약되어 있다. 예를 들어 1994년에 정리계획인가결정을 받은 한국벨트(주)의 정리계획안을 살펴보면 다음과 같다. 담보채권은 원금을 1차년도(1995년)부터 11차 년도까지 분할 변제하고 이 기간 동안의 발생이자는 연 8%를 적용하여 지급하며, 정리채권은 원금을 4차 년도부터 11차 년도까지 분할변제하고 발생이자는 연 5%를 적용하여 12, 13차 년도에 변제하도록 되어 있다. 이 자료를 이용하여 한국벨트(주)가 갱생할 경우 채권청구액에 대한 원금과 이자의 보상율을 신탁대출금리 14%로 할인할 경우 채권청구액에 대한 보상율은 다음과 같이 계산된다. 담보채권은 채권청구액 100만 원에 대하여 71.69만 원을 보상하는 것으로 나타나 71.69%였고, 정리채권은 53.42%였다.[25] 이와 같이 계산하여

---

[25] 할인율로 적용한 14%의 신탁대출금리는 1992년을 기준으로 한 것이며 신탁대출금리의 변동은 보상율에도 큰 변화를 가져올 것으로 예상된다. 예를 들어 할인율을 12%로 할 경우 정리담보권에 대한 평균보상율은

25개 기업의 보상율을 종합하면 〈표 8〉과 같다.

　〈표 8〉에 의하면 정리담보권의 경우 25개 기업에서 현재가치로 할인한 지급액은 채권청구액의 76.9%에 해당하였으며 원금의 변재기간은 평균 2.4년 거치 후 6년(8.4-2.4) 동안 분할 상환하도록 되어 있고 이자는 평균 7.8%를 지급하도록 되어 있으나 이자를 면제해 준 기업은 4개 기업이었다.

　보상율 계산에서 서울교통공사는 채권청구액을 즉시 변제하도록 되어 있었고 코리아타코마(주)는 이자지급률이 할인율과 동일하여 100%의 보상을 실시하는 것으로 나타나 가장 높은 보상율을 실현하였다. 대한조선공사는 3년 거치 후 4년째부터 9년째까지 원금을 분할 상환하고 원금에 대한 이자는 면제하도록 하여 최저보상율인 43.7%이었다.

　정리채권의 보상율은 평균 59.8%이었으며 원금의 변제기간은 평균 4년 거치 후 7년(11.1-4.1) 동안 분할 상환하였고. 이자는 평균 5.2%를 지급하였으며 6개 기업은 이자를 면제해주고 있었다. 가장 높은 보상율을 나타낸 기업은 역시 서울교통공사와 코리아타코마로 100%였고 가장 낮은 보상율을 나타낸 기업은 동양타올로 39.1%이었다.

　84.7%였고 정리채권에 대한 보상율은 67.2%였다.

〈표 8〉 갱생기업의 채권청구에 대한 보상율

기업명[a]	정 리 담 보 권 보상율 (%)	이자율 (%)	변제기간 (년도)	정 리 채 권 보상율 (%)	이자율 (%)	변제기간 (년도)
금성	75.5	11.5	2-6	63.4	6	4-8
뉴택시스템	77	7	1-7	60.9	7	4-11
대신화학	92.4	12	3-5	54.4	6	6-10
대한조선공사(상)	43.7(최소)	면제	4-9	59.1	면제	1-18
동방원양개발	52.2	면제	1-10	47.2	면제	1-12
동양정밀(상)[b]	70.9	8.5	4-9	48.9	6	6-13
동양타올	61.3	면제	1-7	39.1(최소)	면제	4-11
명성전자	89.5	12.5	5-10	47.7	6	5-15
보루네오가구(상)	58.2	2	2-8	66.6	5	2-8
삼보	82.6	9	1-7	70	5	3-5
삼송공업	75.2	8	2-8	68.9	6	2-8
삼송산업	79.8	8	1-7	71.9	5	1-7
삼양광학(상)	92.8	12.5	3-7	82.9	10.5	3-7
삼정통상	84	10	2-7	43	6	10-12
서울교통공사(상)	100(최대)	면제	즉시변제	100(최대)	면제	즉시변제
세신물산	80.8	10	3-8	67.7	10	8-12
신성기업	88.9	12	3-9	47.1	면제	3-9
심도직물	76.2	10	4-10	49.6	5	4-13
장영해운	60.7	7	1-15	48.5	5	3-15
진명실업	69.8	7	2-9	41.7	7	10-15
코리아타코마	100(최대)	14	5-18	100(최대)	14	6-19
태주화학	82.3	10	3-7	67.7	10	8-12
한국벨트(상)	71.7	8	1-11	51.5	5	2-11
한양파이프	86.5	9	2-4	42.4	면제	1-12
흥양(상)	72.1	10	4-13	53.6	7	5-14
표본 수	25			25		
평균	76.9	7.8		59.8	5.2	
중간 값	76.2	9	2.4-8.4	53.6	6	4.1-11.1
표준편차	13.9	4.1		16.2	3.4	

a) 참고자료: 총무처발행 [관보]의 정리계획인가공고(기간: 1990년 1월-1994년 10월)

b) (상)는 상장기업을 의미함

c) 보상율은 채권청구액의 보상액의 비율을 의미하며 정리계획에 나타나 있는 장래 변제계획금액을 14%로 할인하여 계산한 것이다.(12%로 할인한 경우 정리담보권 에 대한 평균보상율은 84.7%였고 정리채권에 대한 보상율은 67.2%였다)

2. 청산기업

청산기업은 제3장 제1절에서 법정관리신청이 기각되었거나 개시 결정 후 정리인가를 받지 못해 폐지된 기업으로 정의하였다. 그러나 법정관리 기각은 공고의무사항이 아니며 정리인가를 받지 못하고 폐지된 기업도 채권자에 대한 지급상태를 밝힌 기업은 (주)삼영산업 1개뿐이었다.

삼영산업은 1988년 7월에 정리절차 개시결정 이후 총 채무액이 25억 3,700만 원으로 확정되어 정리계획을 수립하던 중 정리담보권자인 주거래은행이 1988년 8월 16일자로 성업공사에 정리담보채권의 회수를 위임하여 정리회사의 공장대지, 건물 및 기계 기구를 대구지방법원에서 경매하여 8억 7,500만 원에 경락받음으로써 정리회사의 생산시설 일체의 소유권이 상실되고 정리절차가 폐지되었다. 이 자료에 의하면 채권자들이 받게 되는 보상율은 34.48%(87,500/253,700)이었다.

한편 청산기업의 재산분배상태에 대한 자료를 보충하기 위하여 법정관리를 거치지 않고 청산한 7개 기업의 채권청구액과 배당가능액을 관보의 파산공고를 통하여 수집하였는데 내용을 정리하면 〈표 9〉와 같다

〈표 9〉의 8개 기업 중에서 6개 기업의 배당가능액이 채권청구액에 비하여 부족하였고 성광전자(주)와 진광전자(주)도 청구액은 알 수 없었지만 배당가능액이 없는 점으로 미루어 8개 기업 모두 채권청구액을 변제하지 못하고 청산하였으며 8개 기업의 채권청구액에 대한 평균 보상율은 5.1%이었다.

〈표 9〉 청산기업의 채권청구에 대한 보상율

기업	채권청구액 (백만 원)	배당가능액 (백만 원)	지급률 (%)
삼영산업	2,537	875	34.5
성왕실업	1,776	0[a]	0
유정농산	23	0	0
성광전자	?	0	0
고려시스템	113,006	5,593	5.0
동안유통	8,384	0	0
경인강화판지	1,189	0	0
진광전자	?	0	0
합계	126,915	6,468	5.1[b]

a) 배당가능액 중에서 0으로 표시된 부분은 파산사유에 "재산 전무" 또는
   "절차비용조차부족"이라는 문구가 있는 경우임.
b) 보상율 계산에서 채권청구액을 알 수없는 기업은 제외하였음

3. 요 약

도산결과가 채권자의 부에 미친 영향을 요약하면 갱생기업의 경우 정리담보권자는 청구액의 76.9%를, 정리채권자는 59.8%를 보상받는 것으로 나타났다. 반면에 청산기업의 경우에는 정리담보권자와 정리채권자를 구분할 수는 없었지만 전 채권자들에게 5.1%밖에 보상하지 못하는 것으로 나타나 채권자는 갱생의 경우가 청산보다 훨씬 유리하였다.

제4절 주주의 부에 미치는 영향

도산결과가 주주의 부에 미친 영향은 두 가지 방법으로 조사하
였다. 첫째는 도산 전의 주주지분이 도산 후에 어느 정도 변동하는
가를 측정하였고 둘째는 주식시장에서 갱생기업과 청산기업의 누
적평균초과수익률을 비교하였다.

1. 주주지분의 변동

기업이 법정관리를 신청하면 법정관리인은 주식에 대하여 자본
감소나 신주발행 등의 조치를 취할 수 있다. 따라서 기존 주주들의
지분은 변동하게 되며 그만큼 주주의 부는 영향을 받게 된다. 25개
의 갱생기업을 대상으로 주주지분변동을 조사한 결과 5개 기업이
자본감소 또는 신주발행 등으로 기존주주의 지분비율을 감소시킨
반면에 나머지 20개 기업은 아무런 조치도 취하지 않았으며 그 내
용을 요약하면 〈표 10〉과 같다.

〈표 10〉 갱생기업의 주주지분변동

기업명 ＼ 내용	도산 전 지분 (억 원)	자본감소 (억 원)	신주발행 (억 원)	도산 후 지분 (억 원)	지분유보율[a] (%)
한국벨트	40	16	70	24	26 (24/94)
한진중공업	333	0	438[b]	683	89 (683/771)
장영해운	33	15	25	18	42 (18/43)
삼송산업	14	14	25	0	0 (0/25)
삼정통상	13	9	10	4	29 (4/14)
기타 20개 기업	63[c]	0	0	63	100 (63/63)
평균(N=25)		2.16	22.72		87.4[d]

a) 지분유보율＝도산 후 지분액/주식발행총액
b) 한진중공업은 신주의 80%(438억 원 중 350억 원)를 구주주에게 배정하였
   고 그 외 기업은 신주 발행에 대하여 구주주에 대한 배정이 없었음.
c) 20개 기업의 평균 수치임.
d) (26+89+42+0+29+100x20)/25=87.4

〈표 10〉에 의하면 지분변동이 있는 5개 기업의 평균 지분유보율
은 37.2%이고 나머지 20개 기업은 아무런 조치를 취하지 않아서
지분은 100% 유지되었다. 따라서 전체 25개 기업 주주들의 평균
지분유보율은 87.4%로 나타났다. 그러나 이 비율은 액면가 기준이
었으며 만약 시가를 기준으로 한다면 급격한 주가하락이 있었을
것이므로 주주들은 훨씬 더 많은 손실을 감수하게 된다.

청산기업의 주주에 대한 분배는 채권자의 재산분배가 완료된 후
잔여가치에 의존하는데 청산기업은 대부분 채권자에 대한 재산분
배도 완료하지 못하는 재정적 궁핍기업이므로 주주에게 돌아갈 재
산은 거의 없다고 할 수 있다(임채홍, 1985).

50

2. 주식수익률의 차이

주주의 부에 미치는 영향을 살펴보기 위한 두 번째 방법으로 사건연구(event study)를 이용하여 주식수익률의 차이를 조사하였다. 조사방법은 주별 수익률과 일별수익률 자료를 이용하여 사건 전 −10주(일)부터 사건 후 ＋10주(일)까지의 평균초과수익률(average abnormal returns)과 누적평균초과수익률(cum mulative average abnormal return)을 검증하였다.

초과수익률의 계산은 개별기업의 주식수익률과 종합주가지수 수익률과의 차이로 보는 시장조정수익률모형(market adjusted return model)과 기업의 시장모형계수를 추정하고 이를 이용하여 초과수익률을 계산하는 시장모형(market model) 등을 이용할 수 있다. 그러나 시장모형을 이용하는 경우 계수추정기간 동안에 주가의 움직임이 안정적이어야 한다는 가정이 필요한데 본 연구의 표본기업들은 근본적으로 도산에 직면한 기업들이기 때문에 장기적으로 안정적인 추정기간을 선정하기에 어려움이 있다. 따라서 본 연구에서는 시장조정수익률모형을 이용한 분석결과를 주로 살펴보았으며 시장모형을 이용한 분석은 보충적으로 실시하였다.26)

주식수익률 검증자료로 주별수익률과 일별수익률을 사용한 이유는 주별수익률이 장기간의 누적평균초과수익률을 관찰할 수 있어서 집단 간의 차이를 확인하기가 용이하며, 일별수익률은 청산이나 갱생사건이 법원의 판결이 있는 특정일에 결정되므로 정확한 정보효과가 어느 시점에서 발생하는지를 파악하기 위하여 실시하였다. 다만 본 연구에서는 갱생기업과 청산기업 간의 재산분배 차이를

26) 연구결과 두 모형 간에 근본적인 차이를 나타내지는 않았다.

보기 위한 것이므로 일별수익률보다는 주별수익률 검증이 본 연구
에 적합할 것으로 생각되며 따라서 일별수익률 분석은 주별수익률
분석을 보충하는 차원에서 실시한다.

검증결과를 간략히 살펴보면 갱생과 청산에 대한 정보가 주식시
장에 제공되는 시점 이후에 갱생집단이 청산집단보다 평균초과수
익률과 누적평균초과수익률 면에서 유의적인 양(+)의 차이가 있
는 것으로 나타났다.

(1) 연구의 설계

(가) 사건일의 정의

사건연구에서는 사건이 발생된 시점을 포착하는 것과 검증기간
을 설정하는 것이 연구결과에 중요한 영향을 미친다. 따라서 도산
기업의 갱생과 청산에 대한 반응이 주식시장에서 언제 나타날 것
인가를 파악하는 것은 중요하다.

기업이 법정관리를 신청하면 도산하였다는 정보이므로 주가가
하락한다. 하락하던 주가가 반전하게 되는 계기는 법원이 법정관리
개시판결을 내리게 되는 때이다. 물론 정리인가를 받은 시점에서도
주가의 반등을 기대할 수 있지만 그 시점은 개시일로부터 평균 1
년 이후의 사건이며 또한 1994년까지 개시결정을 받은 기업의 약
80%가 정리인가를 받은 것으로 나타났기 때문에 갱생가능성에 대
한 정보는 개시시점에 대부분 반영된다고 할 수 있다. 따라서 갱생
의 사건일(event day)은 법원의 법정관리 개시일로 정하였다. 이러
한 사건일의 선정은 연구결과를 하향편의하게 할 수 있다.

법정관리에 의한 기업의 갱생이 법정관리의 신청에서 종결까지
순차적인 과정을 거쳐 최종시점에 완성되는 데 비하여 청산은 법

정관리절차 중에서 어느 한 과정이라도 부적격한 사유가 발생하면 그 시점에서 법정관리절차가 중단되므로 사건일은 여러 시점에서 발생할 수 있다. 법정관리절차 중에서 청산을 인식할 수 있는 최초의 사건은 법정관리신청이 기각되는 때이다. 기각된 기업들은 대부분 일정기간을 거쳐 상장폐지된 후 청산과정을 거치게 되므로 법정관리의 기각은 가장 대표적인 청산사건이라고 할 수 있다. 또한 법정관리가 개시된 기업일지라도 정리인가를 받지 못하거나, 정리인가를 받았더라도 중도에 정리계획의 수행이 불가능해져서 법정관리절차가 폐지되는 기업도 기각기업과 같이 청산하게 된다. 따라서 청산에 대한 사건일은 법정관리신청이 기각과 폐지되는 시점이라 할 수 있다.

요약하면 갱생에 대한 사건일은 법정관리의 개시일이며 청산의 사건일은 법정관리의 기각 또는 폐지일이다.

(나) 표본의 선정과 자료의 수집

표본기업의 선정은 1990년에서 1994년 사이에 법정관리를 신청한 상장기업으로 하였다. 동 기간에 법정관리를 통해 갱생한 상장기업은 19개 기업이며 청산기업은 18개 기업이었으나 주별검증의 경우 대도상사, 영태전자, 우진전기가 매매거래 정지되어 정상적인 수익률계산이 곤란하였으며 일별검증의 경우에도 대도상사가 매매거래 정지되어 이 기업들은 표본에서 제외하였다. 따라서 주별검증의 청산기업 수는 15개 기업이고 일별검증의 청산기업 수는 17개 기업이었다.

주식수익률자료의 수집은 한국신용평가주식회사(KIS: Korea Investors Service)에서 개발한 자료(SMAT: Stock Market Analysis Tool)

를 이용하였으며 자료가 내장되어 있지 않은 근화제약, 동창제지, 한양, 아남정밀, 양우화학은 수작업으로 계산하였다. 주식수익률의 계산은 일별수익률의 경우 전날의 종가와 그 전날의 종가를 비교하여 구했고 주별수익률은 수요일 종가와 직전 수요일 종가를 비교하여 구했다.

(다) 초과수익률의 계산과 차이검증모형
각 기업군의 누적평균초과수익률을 구하는 과정을 살펴보기 위하여 먼저 I 기업의 t 주 초과수익률을 다음과 같이 정의한다.

$$\widehat{AR}_{it} = R_{it} - E(\tilde{R}_{it}) = R_{it} - R_{mt} \qquad (1)$$

R_{it}는 i 기업 t 주의 수익률을 나타내고 $E(\tilde{R}_{it})$는 i 기업 t 주의 기대수익률을 의미하며 R_{mt}는 t 기의 시장수익률을 나타내는데 본 연구에서는 종합주가지수의 수익률을 사용하였다. 검증기간은 주별수익률 검증의 경우 사건 −10주에서 +10주까지로 하며 일별수익률 검증에서는 사건 −10일에서 +10일까지로 하였다.
식(1)의 초과수익률을 각 기업별로 산출하여 기업군별로 평균초과수익률(AR_t)과 누적평균초과수익률(CAR_t)을 다음과 같이 구한다.

$$AR_t = \sum_{i=1}^{N} \widehat{AR}_{it}/N \quad t = -10 \cdots\cdots +10 \qquad (2)$$

$$CAR_t = \sum AR_t \qquad t = -10 \cdots\cdots +10 \qquad (3)$$

AR_t와 CAR_t의 검증기간 동안의 통계적 유의성을 알아보기 위해 귀무가설 H0: $AR_t = 0$과 $CAR_t = 0$을 설정하였다. 이는 t 값 검증을

54

이용할 수 있는데, 각 집단의 AR_{it}가 분석기간 동안 횡단면, 시계열적으로 서로 독립적이고 동일하게 분포되어 있다고 가정하면 주별 수익률의 경우 다음과 같이 t 검증을 실시할 수 있다.

$$t = \frac{AR_t}{sd(AR_t)}, \text{ 단 } sd(AR_t) = [\frac{1}{50-1} \sum_{t=-60}^{-10}(AR_t - \overline{AR_t})2]1/2 \quad (4)$$

$$t = \frac{CAR_t}{sd(CAR_t)}, \text{ 단 } sd(CAR_t) = \sqrt{T+11} \times$$

$$sd(AR_t) \quad T = -10 \cdots\cdots +10 \quad (5)$$

여기에서 $sd(AR_t)$는 사건 −60주에서 −11주까지의 AR_t의 표준편차이며 $sd(CAR_t)$는 CAR_t의 표준편차를 나타낸다.

(2) 주별수익률 검증결과

검증기간을 사건 전후 21주간(−10 ~ +10)으로 하여 갱생과 청산 집단의 주별수익률의 평균초과수익률 및 누적평균초과수익률의 행태를 분석하였다. 〈표 11〉은 갱생집단과 청산집단의 AR_t 및 AR_t의 t 값과 CAR_t 및 CAR_t의 t 값에 대하여 정리한 것이다.

〈표 11〉 두 집단의 AR과 CAR의 행태 (주별수익률)

주	갱생집단				청산집단			
	AR_t	t 값	CAR_t	t 값	AR_t	t 값	CAR_t	t 값
-10	-0.0443	-2.22**	-0.0443	-2.22**	-0.0075	-0.32	-0.0075	-0.32
-9	-0.0507	-2.54***	-0.0951	-3.36***	0.0122	0.53	0.0046	0.14
-8	-0.0368	-1.84**	-0.1319	-3.81***	-0.0412	-1.80**	-0.0365	-0.92
-7	-0.0343	-1.72**	-0.1662	-4.16***	-0.0410	-1.80**	-0.0775	-1.70**
-6	-0.0482	-2.41***	-0.2145	-4.80***	-0.0116	-0.51	-0.0892	-1.75**
-5	-0.0509	-2.54***	-0.2654	-5.42***	-0.0538	-2.36**	-0.1430	-2.56***
-4	-0.0292	-1.46	-0.2946	-5.57***	-0.0698	-3.06***	-0.2129	-3.53***
-3	-0.0304	-1.52	-0.3251	-5.75***	-0.0408	-1.79**	-0.2538	-3.93***
-2	-0.0340	-1.70**	-0.3592	-5.99***	-0.0778	-3.41***	-0.3316	-4.85***
-1	-0.0413	-2.06**	-0.4005	-6.34***	-0.0661	-2.90***	-0.3978	-5.51***
0	-0.0008	-0.04	-0.4013	-6.06***	-0.0410	-1.80**	-0.4388	-5.80***
1	0.0306	1.53*	-0.3707	-5.36***	-0.0787	-3.45***	-0.5176	-6.55***
2	0.0102	0.51	-0.3604	-5.00***	-0.0912	-4.00***	-0.6088	-7.40***
3	0.0005	0.02	-0.3598	-4.81***	-0.0500	-2.19**	-0.6589	-7.72***
4	0.0152	-0.76	-0.3751	-4.85***	-0.0637	-2.79***	-0.7226	-8.18***
5	0.0285	1.42*	-0.3466	-4.34***	-0.0536	-2.35**	-0.7762	-8.51***
6	0.0333	1.66**	-0.3133	-3.80***	-0.0403	-1.76**	-0.8166	-8.68***
7	0.0129	0.65	-0.3003	-3.54***	-0.0606	-2.66***	-0.8772	-9.07***
8	0.0011	0.05	-0.2992	-3.43***	-0.0369	-1.61**	-0.914	-9.20***
9	-0.0060	-0.30	-0.3052	-3.41***	-0.0442	-1.94**	-0.9584	-9.40***
10	0.0073	0.36	-0.2979	-3.25***	-0.0233	-1.02	-0.9817	-9.39***

a) ***   1% 유의 수준에서 유의함
   **   5% 유의 수준에서 유의함
   *   10% 유의 수준에서 유의함
b) 표본 수 (갱생기업: 19개, 청산기업: 15개)
c) 표본대상: 1990년-1994년 사이에 법정관리를 신청한 상장기업 중에서 매매정지를
   당하지 않은 기업

〈표 11〉에서 AR_t, CAR_t 옆의 t 값은 각각 Ho: AR_t=0과 Ho: CAR_t=0을 검증하기 위한 것이다. 먼저 AR_t의 행태를 살펴보면 갱생 집단에서 사건주 전에는 -3주와, -4주를 제외하고 통계적으로 유의 적인 음의 값이 나타나다가 사건주 이후에는 +4주와 +9주를 제외하

고 모두 양의 값으로 전환되었으며 사건 후 +1주, +5주, +6주에는 10% 수준에서 유의적인 양의 값을 나타내고 있었다. 그러나 청산집 단의 경우에는 사건 전후를 불문하고 대부분의 검증기간에서 유의적 인 음의 값이 나타나 갱생집단과는 현저한 차이가 있었다.

CAR$_t$의 행태도 갱생집단은 사건주 전에 연속적으로 하락하다가 사건주 후에는 뚜렷한 상승을 보였으며 -10주부터 0주 사이에 CAR$_t$ 의 변화는 -36%[CAR(0)-CAR(-10)]이었으나 0주에서 +10주까 지 오히려 11%[CAR(10)-CAR(0)] 상승하였다. 반면에 청산집단 은 -10주부터 0주 사이에 CAR$_t$의 변화는 -43%[CAR(0)-CAR(- 10)]로 갱생집단과 별 차이가 없었으나 0주에서 +10주에는 여전히 -45%[CAR(10)-CAR(0)]로 하락하여 갱생집단의 상승과는 대조 적이었다.

〈그림 3〉는 주별주식수익률 검증의 누적평균초과수익률의 행태 를 도표화한 것이다. 갱생집단과 청산집단에 누적평균초과수익률의 차이가 사건 전에는 큰 차이를 보이지 않다가 사건주 이후에는 현 격하게 갱생집단이 청산집단에 비하여 높은 누적평균초과수익률을 나타내고 있다.

이러한 결과를 효율적 시장가설 측면에서 보면 갱생과 청산에 대한 정보가 사건 전에는 누출되지 않다가 정보가 공개된 이후에 주식시장 에서 갱생집단이 청산집단과 유의적으로 차이가 있는 초과수익을 발 생시키고 있다는 증거가 되어 준강형효율적 시장이 성립되지 않음을 알 수 있다.[27]

---

27) 준강형효율적 시장이란 어느 투자자가 증권시장에서 비공개된 내부 정보 를 이용해서는 초과수익을 얻을 수 있지만 공개된 정보를 이용해서는 초 과수익을 얻을 수 없는 시장을 의미한다.

〈그림 3〉 누적평균초과수익률의 행태(주별수익률)

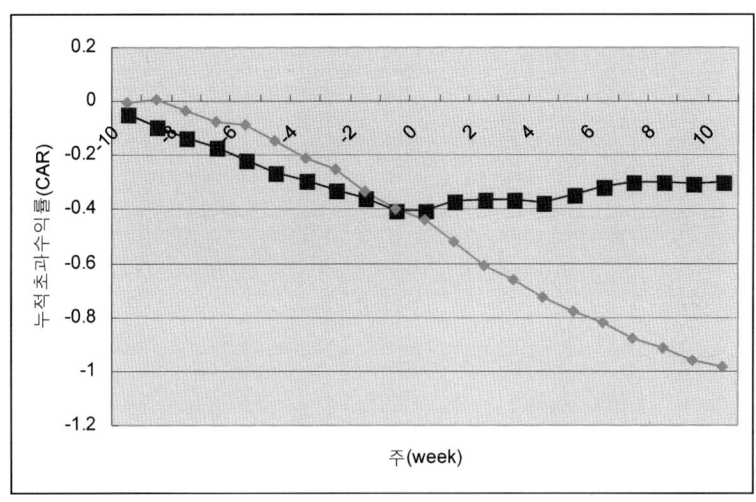

a) □: 갱생기업, ◇: 청산기업

b) $\widehat{AR}_{it} = R_{it} - Rm_t$ (기업 i의 초과수익률)

$AR_t = \sum_{i=1}^{N} \widehat{AR}_{it}/N$ (기업집단의 평균초과수익률)

$CAR_t = \sum AR_t$ (기업집단의 누적평균초과수익률)

〈표 12〉 갱생집단과 청산집단의 차이에 대한 t-검증(주별수익률)

주	평균초과수익률		누적평균초과수익률	
	t 값	Prob>|t|	t 값	Prob>|t|
-10	-1.2027	0.2337	-1.2027	0.2388
-9	-2.4422	0.0175**	-2.3230	0.0268**
-8	0.1485	0.8777	-1.5549	0.1302
-7	0.2889	0.7797	-1.3164	0.1980
-6	-1.1648	0.2515	-1.5562	0.1310
-5	0.0936	0.9236	-1.3059	0.2032
-4	1.7941	0.0855*	-0.8187	0.4209
-3	0.4274	0.6783	-0.6716	0.5077
-2	1.8620	0.0718*	-0.2437	0.6680
-1	1.1191	0.2715	-0.0220	0.9826
0	1.3746	0.1788	0.2754	0.7849
1	3.5215	0.0013***	1.0370	0.3077
2	3.6614	0.0009***	1.6165	0.1158
3	1.6606	0.1091	1.7619	0.0877*
4	1.4504	0.1579	1.8425	0.0748*
5	3.2146	0.0030***	2.1523	0.0391**
6	2.4971	0.0199**	2.4028	0.0223**
7	2.3584	0.0270**	2.5835	0.0147**
8	1.4094	0.1685	2.5825	0.0148**
9	1.3118	0.1990	2.6177	0.0137**
10	1.1150	0.2753	2.6903	0.0115**

a) *** 1%의 유의 수준에서 유의함
  ** 5%의 유의 수준에서 유의함
  * 10%의 유의 수준에서 유의함
b) 표본 수 (갱생기업: 19개, 청산기업: 15개)
c) t 값은 갱생집단에서 청산집단의 값을 차감하여 검증한 것이다.

〈표 12〉는 사건주를 중심으로 사건 -10주부터 +10주까지 갱생집단과 청산집단의 평균초과수익률과 누적평균초과수익률의 차이에 대하여 t-검증을 실시한 것이다. 평균초과수익률 차이는 사건 후 +1주, +2주에서 1% 수준으로 유의적인 차이가 존재하는 것으

로 나타나 사건 직후 두 집단 간에 뚜렷한 차이가 있었음을 알 수 있다. 또한 +5, +6, +7주에서도 5% 이내의 수준으로 통계적 차이가 있는 것으로 나타나 비교적 장기간에 걸쳐 정보가 반영되고 있음을 알 수 있다. 누적평균초과수익률에 대한 차이검증에서는 사건 후 +4, +5주에서 10%의 수준으로 유의적인 차이가 나타나기 시작하여 이후에는 연속적으로 5% 수준에서 유의적인 차이가 존재하였다. 누적평균초과수익률에 대한 t 값의 부호도 사건주 이후에는 항상 양의 값으로 나타나 갱생기업이 청산기업보다 높았음을 알 수 있다.[28)]

이상의 결과는 갱생집단의 주식수익률이 청산집단의 주식수익률보다 높다는 증거로서 갱생집단의 주주들이 청산집단의 주주들보다 부의 측면에서 유리하다고 할 수 있다.

(3) 일별수익률 검증결과

일별수익률의 검증은 주별수익률 검증절차에 준하여 실시하였으며 검증기간은 사건일 −10일부터 +10일까지를 대상으로 하였다. 〈표 13〉는 일별수익률자료를 이용한 경우 갱생집단과 청산집단의 AR_t 및 AR_t의 t 값과 CAR_t 및 CAR_t의 값을 −10일부터 +10일까지 나타낸 것이다.

---

28) 시장모형을 이용한 검증은 추정기간을 −60주부터 −11주까지로 하고 검증기간은 −10주부터 +10주까지로 하여 검증하였으며 그 결과는 시장조정수익률모형의 결과와 유사하였다.

〈표 13〉두 집단의 AR과 CAR의 행태 (일별수익률)

일	갱 생 집 단				청 산 집 단			
	AR_t	t 값	CAR_t	t 값	AR_t	t 값	CAR_t	t 값
-10	-0.013	-2.28**	-0.013	-2.28**	-0.012	-1.68*	-0.012	-1.68 *
-9	-0.006	-1.17	-0.020	-2.45***	-0.025	-3.33***	-0.038	-3.54***
-8	-0.007	-1.28	-0.028	-2.74***	-0.016	-2.17**	-0.054	-4.14***
-7	-0.002	-0.35	-0.030	-2.55***	-0.017	-2.22**	-0.071	-4.70***
-6	-0.006	-1.11	-0.036	-2.78***	-0.010	-1.31	-0.082	-4.79***
-5	-0.004	-0.70	-0.040	-2.82***	-0.014	-1.85*	-0.09	-5.13***
-4	-0.006	-1.09	-0.047	-3.03***	-0.012	-1.57*	-0.108	-5.35***
-3	-0.013	-2.22**	-0.060	-3.62***	-0.007	-0.97	-0.115	-5.35***
-2	-0.003	-0.65	-0.064	-3.63***	-0.009	-1.28	-0.125	-5.47***
-1	-0.009	-1.60*	-0.073	-3.95***	-0.016	-2.11**	-0.141	-5.86***
0	-0.008	-1.48*	-0.082	-4.21***	-0.006	-0.89	-0.148	-5.86***
1	0.006	1.03	-0.076	-3.74***	-0.018	-2.43***	-0.16	-6.31***
2	0.001	0.29	-0.074	-3.51***	-0.005	-0.71	-0.17	-6.26***
3	0.009	1.54*	-0.065	-2.97***	-0.011	-1.44*	-0.183	-6.42***
4	0.009	1.59*	-0.056	-2.45***	-0.024	-3.17***	-0.208	-7.02***
5	0.011	1.98**	-0.044	-1.88**	-0.001	-0.14	-0.209	-6.84***
6	0.012	2.16**	-0.031	-1.30*	-0.00	-0.90	-0.216	-6.85***
7	0.005	0.98	-0.025	-1.03	-0.016	-2.18**	-0.232	-7.17***
8	0.006	1.14	-0.019	-0.74	-0.012	-1.61*	-0.245	-7.35***
9	0.003	0.67	-0.015	-0.57	-0.007	-0.97	-0.252	-7.38***
10	-0.006	-0.95	-0.020	-0.77	-0.014	-1.95**	-0.267	-7.63***

a) ***: 1% 유의 수준에서 유의함

  ** : 5% 유의 수준에서 유의함

  * : 10% 유의 수순에서 유의함

b) 표본 수 (갱생기업: 19개, 청산기업: 17개)

c) 표본대상: 1990년-1994년 사이에 법정관리를 신청한 상장기업 중에서 매매정지를 당하지 않은 기업

〈표 13〉에서 AR_t, CAR_t 옆의 t 값은 각각 Ho: AR_t =0과 Ho: CAR_t =0을 검증하기 위한 것이다. 갱생집단의 AR_t는 사건일 전에는 계속적인 음의 값을 나타내고 있으며 특히 사건일 -1, -3, -

10 일 전에는 통계적으로 유의적인 하락을 보이고 있다. 그러나 사건일을 기준으로 부호는 반전되어 사건일 후 +9일까지 계속 양의 값을 나타내고 있으며 특히 사건일 후 +3, +4, +5, +6일은 통계적으로 유의적인 증가 현상을 나타냈다. 그와 반면에 청산집단은 사건 전후 전 기간을 통하여 AR_t가 계속 음의 값을 나타냈으며 검증기간 곳곳에서 통계적 유의성이 있는 것으로 나타나 투자자들의 반응이 갱생기업과는 대조적이었다.

　CAR_t의 행태는 갱생집단의 경우 사건 −10일부터 +6일까지 CAR_t가 0과 유의적으로 음의 차이를 보였으나 그 이후에는 차이가 없는 것으로 나타나 갱생사건 후 주식수익률이 회복되었음을 알 수 있다. 반면에 청산집단은 전 검증기간에 걸쳐 음의 유의적인 차이가 있으며 사건일에 관계없이 계속해서 하락하였다.

　갱생집단은 −10주부터 0주 사이의 CAR_t 변화가 -6%[CAR(0) − CAR(−10)]만큼 하락하였으나 0주에서 10주 사이에는 6.2%-[CAR(10) − CAR(0)] 상승하였다. 반면에 청산집단은 −10주부터 0주 사이에 −14%[CAR(0) − CAR(−10)]만큼 하락하여 갱생집단과 큰 차이가 없었으나 0주에서 10주까지에는 −12%[CAR(10) − CAR(0)]만큼 다시 하락하여 갱생집단의 상승과는 대조적이었다.

　〈그림 4〉는 두 집단의 누적평균초과수익률의 행태를 도표화한 것이며 누적평균초과수익률의 차이가 갱생과 청산사건 −10일 전부터 차이를 보이기 시작하여 사건일에는 어느 정도의 차이(〈표 13〉에 의하면 6%의 차이)를 나타내고 있는데 이러한 결과는 사건에 대한 정보가 1주일 전부터 누출되고 있음을 시사한다. 그러나 사건일 이후에도 두 집단 간의 누적평균초과수익률 차이는 계속해서 유의적인 차이를 보이고 있어서 사건일 이전에 모든 정보가 누출되었다고 보기는 힘들며 준강형효율적 시장가설도 성립되지 않는다.

〈그림 4〉 누적평균초과수익률의 행태(일별수익률)

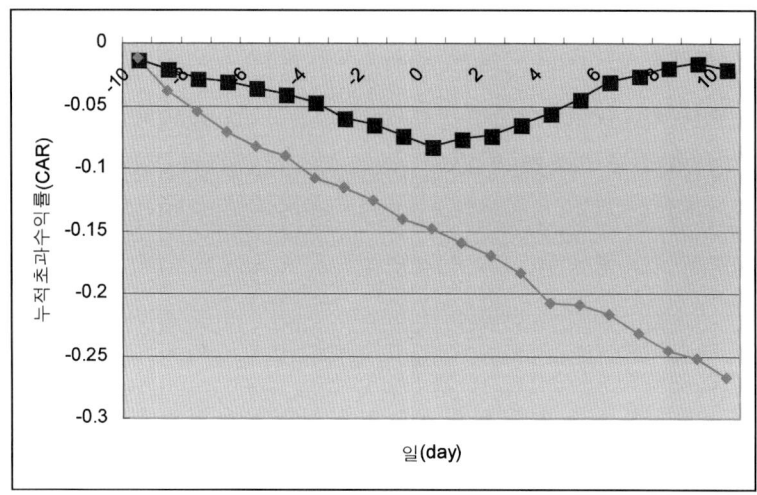

a) □: 갱생기업, ◇: 청산기업

b) $\widehat{AR}_{it} = R_{it} - Rm_t$　（기업 i의 초과수익률）

$AR_t = \sum_{i=1}^{N} \widehat{AR}_{it}/N$　（기업집단의 평균초과수익률）

$CAR_t = \sum AR_t$　（기업집단의 누적평균초과수익률）

〈표 14〉는 사건 -10일부터 +10일까지 갱생과 청산집단의 평균초과수익률과 누적평균초과수익률의 차이를 검증한 것이다. 두 집단 간의 평균초과수익률 차이의 통계적 유의성이 가장 높았던 시점은 사건 후 +1, +4, +6, +8일째 되는 날로서 1%의 수준에서 유의적인 차이가 있었고 사건 후 +3, +7일에도 5% 수준에서 유의적인 차이가 있었다. 결국 두 집단 간의 평균초과수익률은 사건 발생 1일 후부터 약 1주일 동안 지속적으로 유의한 차이가 발생하였다.

　누적평균초과수익률은 사건일 전부터 10%의 수준에서 유의적인 차이가 존재하다가 사건 후 +4일째 되는 날부터는 그 차이가 1%

수준에서 유의적인 차이가 있는 것으로 나타났다. 이러한 결과는 갱생과 청산에 대한 정보효과가 현저하게 나타나고 있다는 증거가 된다.

〈표 14〉 갱생집단과 청산집단의 차이에 대한 t-검증(일별수익률)

일	평균초과수익률		누적평균초과수익률	
	t 값	Prob>|t|	t 값	Prob>|t|
-10	-0.0801	0.9367	-0.0815	0.9367
-9	2.7087	0.0108**	1.3448	0.1896
-8	1.6324	0.1192	1.8284	0.0764*
-7	2.1192	0.0415**	2.4694	0.0187**
-6	0.4538	0.6530	2.1608	0.0380**
-5	1.4967	0.1437	2.2576	0.0305**
-4	0.8461	0.4036	2.1965	0.0354**
-3	-0.7590	0.4534	1.7889	0.0828*
-2	0.9095	0.3695	1.7832	0.0840*
-1	0.9881	0.3301	1.8841	0.0681*
0	-0.2878	0.7753	1.6978	0.0987*
1	3.1414	0.0035***	2.1489	0.0388**
2	1.0932	0.2821	2.1775	0.0365**
3	2.4691	0.0198**	2.6131	0.0133**
4	4.7740	0.0001***	3.1322	0.0036***
5	1.8776	0.0690*	3.2453	0.0026***
6	3.3822	0.0018***	3.5223	0.0012***
7	2.4753	0.0185**	3.6980	0.0008***
8	3.3205	0.0031***	3.9446	0.0004***
9	1.6563	0.1069	3.9093	0.0004***
10	1.1498	0.2585	3.7606	0.0006***

a) ***: 1%의 유의 수준에서 유의함
  ** : 5%의 유의 수준에서 유의함
  * : 10%의 유의 수준에서 유의함

3. 요　약

　도산결과가 주주의 부에 미치는 영향은 도산 전후의 주주지분변동
과 주식시장의 반응을 통하여 조사하였다. 주주지분변동에서는 갱생
기업의 경우 87.4%의 지분이 도산 이후에도 유지되는 데 반하여 청
산기업에서는 아무런 지분도 확보하지 못하는 것으로 나타났다. 주
식수익률의 차이에 대한 조사에서는 갱생기업의 경우가 청산기업의
경우보다 현격하게 높은 누적평균초과수익률을 실현하고 있는 것으
로 나타나 도산기업의 주주들은 청산하는 경우보다 갱생하는 것이
훨씬 유리한 것으로 나타났다.

제4장 도산기업의 갱생예측에 대한 이론적 배경

제3장에서 도산기업의 갱생이 청산보다 채권자와 주주의 부에 유리한 영향을 미친다는 것을 살펴보았다. 도산결과에 따라 이해관계자들의 부에 차이가 발생한다면 도산결과를 예측할 수 있는 정보는 유용하게 이용될 수 있을 것이다. 본 장에서는 도산결과예측에 대한 선행연구를 검토하고 도산결과에 영향을 미칠 수 있는 변수의 이론적 배경을 살펴봄으로써 연구가설을 도출하고자 한다.

제1절 선행연구의 검토

도산결과 예측연구는 많은 연구가 이루어진 것은 아니다. 미국에서는 White(1981, 1984)와 Chun(1984) 그리고 Casey, Megee & Stickney-(1986)의 연구가 있었으며 한국에서는 김민철(1986)과 이병종(1987) 그리고 최익종(1988)의 연구가 있었다. 이러한 연구들을 구체적으로 살펴보면 다음과 같다.

도산결과예측에 관한 연구는 White(1981, 1984)는 도산결과에 영향을 미칠 수 있는 변수를 도산결과모형(bankruptcy outcome model)을 통해 도출하면서 시작되었다. 그가 도출한 변수는 무담보자산(free asset), 기업규모(size), 이익전망(earning prospects), 경영자위임도(equity commitments by management)이었다.

그는 다른 조건이 일정할 때 무담보자산이 많을수록 도산기업은 추가담보의 제공을 통하여 자금차입이 쉬워지기 때문에 갱생할 가능성이 높다고 하였다. 또한 기업규모도 자금조달과 관련하여 규모가 큰 기업일수록 장기자금이나 주식의 신규발행 등이 용이할 것이므로 갱생하기 쉽다고 하였다. 이익전망은 가까운 장래에 기업의 이익전망이 좋다면 내부적인 자금조달도 원활하고 또한 이로 인하여 외부자금의 조달도 쉬워지게 되므로 이익전망이 좋을수록 갱생 가능성이 있다고 하였다. 경영자위임도는 기업이 청산할 경우 주주지분은 가치를 상실하게 되므로 주주의 위임도가 높을수록 경영자들은 청산보다 갱생을 유도하게 된다는 것이다.

White(1981, 1984)는 도산 분야의 연구가 도산예측연구에 치중하였던 것을 도산결과 예측연구로 확장시킨 점에서 의의를 찾을 수 있다. 그러나 그는 이론적으로 도출한 변수들에 대하여 실증적 분석을 실시하지는 않았다.

그 후 Chun(1984)은 상태선호접근법(state-preference approach)에 의한 기업 평가모형을 도산결과 예측연구에 응용하여 도산결과에 영향을 미칠 수 있는 변수로 영업권(goodwill), 영업위험(operating risk), 유동성(liquidity)을 도출하였다.[29]

영업권이 도산결과에 영향을 미칠 수 있는 이유는 기업의 총가치 극대화 관점에서 도산기업이 갱생한다면 영업권은 계속 유지되

---

29) Chun(1984)이 제시한 갱생기업과 청산기업의 평가식은 다음과 같다(Chun, 1984: 김민철, 1986).

$$(\text{갱생기업}) \quad V^R = C + P + G = C + \sum_{s=1}^{s=S} a_s \cdot R_s = D^R + E^R$$
$$(\text{청산기업}) \quad V^L = C + P = D^L + E^L = D^L$$

여기에서 C: 유동자산, P: 비유동자산, G: 영업권, DR: 부채의 갱생가치, ER: 지분의 갱생가치 DL: 부채의 청산가치, EL: 지분의 청산가치

어 가치창출에 도움이 되지만 청산한다면 무용화되게 된다. 따라서 도산기업의 영업권이 많을수록 기업가치 극대화 측면에서 청산보다 갱생할 유인이 많이 발생한다. 영업위험은 채권자들의 최적의사결정과 관련하여 도출된 변수이다. 채권자의 입장에서 높은 영업위험을 감안하여 기업을 갱생시켰을 경우 그 이득을 주주와 나누어 가져야 하는 반면에 손실이 발생하면 채권자에게 모든 것이 귀착되므로 기업의 위험이 높을 경우 갱생보다는 청산을 선호하게 된다. 유동성도 영업위험과 같이 채권자의 관점에서 유동자산이 많다면 불확실성이 내포된 갱생을 선택하기보다는 현존자산을 나누어 가지려고 할 것인 반면에 쉽게 현금화되지 않을 비유동자산이 많다면 청산하기가 어렵게 된다.

Chun(1984)은 위에서 도출한 세 가지의 변수와 White(1981)가 제시한 변수 중에서 무담보자산과 기업규모를 추가하여 로짓분석(logit analysis)으로 도산결과에 영향을 미치는 변수에 대한 가설검증을 실시하였다. 표본기업은 1970년에서 1979년 사이에 청산된 28개 기업과 갱생된 71개 기업이었다. 검증결과는 유동성, 영업위험, 무담보자산이 유의적인 변수로 나타났고 영업권과 기업규모는 비유의적이었다. Chun(1984)의 연구는 도산에 관한 대부분의 연구가 이론적 배경을 소홀히 한 채 모형의 도출에만 급급한 데 비하여 상태선호이론을 적용하여 영업권과 유동성 그리고 영업위험 변수들에 대한 이론적 근거를 제시한 점에서 공헌을 하였다. 다만 실증분석에서 영업권에 대한 통계적 유의성이 없는 것으로 나타났는데 이에 대한 원인은 영업권 측정의 어려움이 있기 때문인 것으로 결론을 내렸다.

White(1981, 1984)와 Chun(1984)의 연구가 기업의 갱생에 영향을 주는 요인을 규명하고 검증한 것인 데 비하여 Casey, Mcgee &

Stickney(1986)는 청산기업 57개와 갱생기업 56개를 대상으로 White-(1981, 1984)가 제시한 무담보자산, 기업규모, 이익전망, 경영자위임도 변수를 이용하여 도산결과예측모형의 개발에 치중하였다.

연구결과는 무담보자산이 가장 유의적이었고 이익전망도 유의적인 것으로 나타났으나 기업규모와 경영자위임도는 비유의적이었다. 예측모형의 분류정확도는 검증표본에서 69.4%, 유보표본에서 58.5%로 나타났다. 이 연구는 도산결과에 대한 예측을 실시하였다는 점에서 기존의 연구들과는 차이가 있다. 그러나 그들은 경영자 위임 정도의 측정에 사용한 주식옵션비율(stock option percentage: 총 보통주식수에 대한 옵션이 부가된 보통주식의 수)이 대용치(proxy)로서 부적절하였으며 이것이 연구결과에 영향을 미쳤을 것이라는 결론을 내렸다.

미국의 연구를 종합해 보면 도산결과에 영향을 미친 변수로는 무담보자산이 가장 유의적이었고 그 외에 유동성, 영업위험, 이익전망 등이 유의적인 것으로 나타났다. 그러나 기업규모와 그 외의 변수들은 비유의적인 것으로 나타났다.

한국에서는 김민철(1986)이 1977에서 1986년까지 도산한 상장기업 중 15개의 갱생기업과 15개의 청산기업을 대상으로 도산결과예측에 대한 연구를 하였다. 독립변수로는 영업권, 유동성, 영업위험, 기업규모, 무담보자산, 감사의견, 정부와 금융기관의 주식소유비율 및 임원의 구성도를 이용하였다. 정부와 금융기관의 주식소유비율이나 임원에 참여한 정도를 변수로 선정한 이유는 당시 우리나라의 도산기업 처리방식이 정부주도형이었기 때문에 정부와 금융기관의 주식비율이나 참여도가 높을수록 도산기업의 갱생가능성이 있다고 보았기 때문이다.

연구결과는 영업권, 유동성, 기업규모와 정부와 금융기관의 주식소유비율 및 임원구성도가 유의적인 변수로 나타났으며 영업위험, 무담보자산, 감사의견은 비유의적인 것으로 나타났다. 무담보자산이 미국에서와는 달리 비유의적으로 나온 이유에 대하여 1980년 이전에 호황을 누렸던 건설업체들이 많은 무담보자산을 소유하고 있으면서도 1980년대에 들어 세계경제의 위축과 정부의 긴축정책으로 인하여 도산한 후 이를 극복하지 못하고 청산하게 되었기 때문이라고 분석하였다. 이 연구는 한국에서 최초로 도산결과예측을 시도한 점에서 의의가 있었지만 충분한 표본이 없어 도산을 광범위하게 정의하였고 연구방법도 최근 이 분야에서 자주 이용되는 로짓분석이 아닌 다중판별분석을 이용하였다.

이병종(1987)은 1979년부터 1985년 사이에 갱생한 20개 상장기업과 청산한 20개 상장기업을 대상으로 도산 3년 전부터 도산결과예측을 실시하였다. 사용한 변수는 영업권, 유동성, 기업규모, 무담보자산, 이익잉여금비율, 이자와 법인세차감 전 이익률(이하 EBIT로 표시), 정부와 금융기관의 주식소유비율(이하 GOV로 표시), 소유와 경영의 분리 정도(이하 MGT로 표시)를 사용하였다. 연구결과는 도산 1년 전의 자료를 이용할 경우 도산결과에 영향을 미친 변수로서 유동성, 기업규모, EBIT, GOV, MGT가 유의적인 것으로 나타났고 그 외의 변수는 비유의적이었다. 3년간 연속해서 유의적으로 나타난 변수는 기업규모와 MGT인 것으로 나타났다.

이 연구에서는 도산 전 3년간의 분석에서 기업규모와 EBIT변수가 도산에 임박할수록 오히려 판별력이 떨어졌고 영업권과 유동성은 연도에 따라 갱생집단과 청산집단의 차이에 대한 부호가 변화되는 것으로 나타났는데 이러한 이유를 설명하지는 못했다.

최익종(1988)은 1977년에서 1987년 사이에 갱생한 16개 상장기업과 청산한 16개 상장기업을 대상으로 연구하였다. 사용된 변수는 기업경영분석에서 자주 이용되는 15개의 재무비율이었으며 도산 3년 전부터 조사하였다. 연구결과는 자기자본비율, 기업규모, 은행지분율 등이 모형에 유의적인 영향을 미친다고 주장하였다.

국내 연구를 종합해보면 유동성과 기업규모, 정부·금융기관의 주식소유비율이 도산결과 판별에 유의성 있는 변수로 나타났다. 정부·금융기관의 주식소유비율이 유의적으로 나타난 것과 미국에서 가장 유의적인 변수로 나타난 무담보자산이 비유의적으로 나타난 것은 1990년 이전에 우리나라의 상장기업에 대한 도산처리가 주로 정부주도형에 의하여 이루어졌다는 점과 연관성을 갖는다고 할 수 있다.

연구 설계와 관련하여 국내의 연구들은 대체로 도산기업을 광범위하게 정의하였으며 표본의 대상년도는 도산의 처리가 주로 정부주도형으로 이루어진 1990년 이전의 자료들이었고 도산결과예측을 위해 사용한 통계기법도 다중판별분석이었다. 이에 비하여 본 연구는 1990년 이후에 사회적으로 관심이 커진 법정관리기업에 대한 문제를 다루기 위해 도산의 정의를 법정관리를 신청한 상장기업으로 한정하였고 표본의 선정도 도산처리가 기업주도형으로 전환된 1990년 이후의 도산기업들이 60% 정도 포함되었다. 또한 통계방법도 다중판별분석이 아닌 로짓분석을 이용한 점에서 기존연구와 차이가 있다.

제2절 연구가설의 도출

본 절에서는 도산결과에 영향을 미칠 것으로 예상되는 변수들을 선행연구와 국내의 실정을 감안하여 추출하고 그에 대한 이론적 배경을 살펴봄으로써 연구가설을 도출한다.

1. 영업권: 이론적으로 영업권(goodwill)은 기업이 계속 영업을 할 때의 가치(계속가치)와 청산되었을 때의 가치(청산가치)와의 차이로 규정되며 기업이 존속할 때에만 의미가 있다. Chun(1984)은 도산결과에 영향을 미치는 변수로서 영업권은 기업의 총가치를 극대화하는 관점에서 고려되어야 한다고 주장하였다. 그 배경은 도산기업이 청산보다 갱생을 선택할 수 있는 조건은 계속가치가 청산가치보다 클 때이며 계속가치가 청산가치에 비하여 높아질수록 (즉 영업권의 많아질수록) 기업은 총가치 극대화의 관점에서 갱생을 선택할 가능성이 높아진다는 것이다. 따라서 영업권의 가설은 다음과 같이 설정할 수 있다.

H 1 : 영업권이 많을수록 도산기업의 갱생가능성이 높다.

2. 유동성: 유동성(liquidity)은 기업의 총자산 중에서 유동자산이 차지하는 비중을 의미한다. Chun(1984)은 유동성을 채권자의 최적 의사결정과정을 통해 설명하였다. 도산기업이 비유동자산에 비해 현금화가 용이한 유동자산을 많이 보유하고 있다면 채권자들은 불확실성이 내포되어 있는 미래의 기대배당보다는 청산을 통하여 현존 재산을 지급받으려 할 것이다. 반면에 처분하기 곤란한 비유동자산이 많다면 채권자들은 기업이 계속 운영되어 차후에 채권액의

회수를 기대할 수밖에 없다. 따라서 유동성에 대한 가설은 다음과 같이 설정한다.

H 2 : 유동성이 낮을수록 도산기업의 갱생가능성이 높다.

3. 영업위험: 영업위험도 채권자가 최적의사결정을 추구하는 과정에서 선정될 수 있는 변수이다. 도산기업의 영업위험이 높다면 채권자들은 그 기업이 계속적으로 운영되는 것을 원하지 않게 된다. 왜냐하면 높은 위험을 감수하여 이익을 얻게 되면 주주와 나누어 가져야 하는 반면에 손실이 발생하면 그 대부분을 채권자가 감수해야 하기 때문이다. 따라서 영업위험에 대한 가설은 다음과 같이 설정한다.

H 3 : 영업위험이 낮을수록 도산기업의 갱생가능성이 높다.

4. 무담보자산: 무담보자산은 도산기업의 추가자금차입과 채권자들의 의사결정과정에서 찾을 수 있다. White(1981)는 도산기업에 무담보자산이 많다면 은행 등을 통하여 추가자금의 차입이 쉬워지기 때문에 계속적인 기업경영이 가능한 반면 담보자산이 많다면 담보채권자들은 담보권의 조속한 행사를 원할 것이고 이로 인하여 기업은 청산하기 쉽다고 주장하였다. 따라서 무담보자산에 대한 가설은 다음과 같이 설정한다.

H 4 : 무담보자산이 많을수록 도산기업의 갱생가능성이 높다.

5. 기업규모: 기업규모는 실증회계연구에서 정치비용의 대용치(proxy)로 자주 사용된다. 기업규모가 큰 경우 사회적으로 미치는 영향이 클 뿐만 아니라 거대한 기업의 청산은 정부의 입장에서도 부담

스러운 요인이기 때문에 청산보다는 갱생할 수 있도록 혜택을 주게 된다. 이러한 사실은 법원의 회사정리사건처리에 관한 예규에서도 확인할 수 있는데 기업규모가 자산 200억, 자본금(발행주식 합계액) 20억에 미달되는 기업은 청산을 유도하도록 하고 있다.

또한 White(1981)는 기업규모를 자금차입능력과의 관계로 설명하였는데 규모가 큰 기업일수록 은행 등으로부터 자금을 차입하기가 용이하여 갱생하기 쉽다고 하였다. 그러한 예를 국내에서 찾아보면 1993년에 도산한 (주)한양이 부채규모가 2조 원에 육박하였으며 이것은 1990년부터 1994년 사이에 법정관리를 신청한 38개 상장기업의 총 부채액인 약 2조 4천억 원과 거의 대등한 수치를 나타내고 있어서 대규모 기업이라고 할 수 있다. 그런데 (주)한양은 1994년 11월에 법정관리개시결정을 받아 갱생할 수 있게 되었다. 따라서 기업규모에 대한 가설은 다음과 같이 설정한다.

H5 : 기업규모가 클수록 도산기업의 갱생가능성은 높다.

6. 주식수익률: 주가는 수많은 투자자들의 판단에 의하여 결정되는 것이므로 도산기업에 대한 정보도 반영되었을 가능성이 높다. 주가를 이용하여 도산결과를 예측한 연구는 없었다. 그러나 Beaver(1968)는 기업도산예측에 주가정보의 사용가능성을 시사하였는데 도산 4년 전부터 도산기업의 주식수익률은 음(-)의 값을 가졌으며 정상기업의 주식수익률과의 차이도 증가한다고 주장하였다. 이러한 사실에 근거하여 본 연구에서는 도산기업의 갱생과 청산예측을 위해 주가정보를 이용하고자 한다. 주식수익률에 대한 가설은 다음과 같이 설정한다.

H6 : 주식수익률이 높을수록 도산기업의 갱생가능성이 높다.

7. 부채규모: 우리나라 기업의 자본구조결정요인을 연구한 선우

석호(1990)는 기업들이 과다한 부채를 보유하고 있다고 주장하였다. 이러한 현상은 경영자들의 비이성적인 판단이라기보다는 기업들에게 높은 부채비율을 유지하도록 하는 요인이 존재하기 때문이라고 하였다. 이러한 주장에 대한 하나의 가설은 상장기업의 경우 과다한 부채를 보유한 기업일수록 청산이 사회에 미치는 파급효과가 클 것으로 예상되어 정부의 보호가 있을 것이라는 점이다. 그 예로 기업규모변수에서 설명한 (주)한양의 사례를 들 수 있다. 따라서 본 연구에서는 도산결과예측을 위한 변수로 부채규모를 선정하였으며 다음과 같은 가설을 설정한다.

 H 7 : 부채규모가 클수록 도산기업의 갱생가능성이 높다.
 8. 존속기간: 기업의 존속기간(설립에서 도산까지의 기간)이 도산결과에 영향을 미칠 것이라는 가설은 법원의 회사정리사건처리에 대한 예규에서 도출하였다. 예규에 따르면 설립된 지 5년 미만의 기업이 법정관리를 신청한 경우 갱생을 도모하기보다는 청산시키도록 규정하고 있다. 따라서 기업의 존속기간은 도산기업의 갱생에 영향을 미쳤을 것으로 판단되며 다음과 같은 가설을 설정한다.

 H 8 : 존속기간이 길수록 도산기업의 갱생가능성이 높다.

제5장 도산기업의 갱생예측에 관한 실증분석

본 장에서는 도산기업의 갱생예측을 위한 실증분석을 실시한다. 제1절에서는 연구 설계로서 예측자료의 시점선정, 갱생과 청산에 대한 정의, 방법론, 표본선정과 자료수집, 변수측정방법을 설명하고 제2절에서는 연구결과로서 도산결과에 영향을 미친 변수와 예측모형에 대한 실증분석결과를 제시하였다.

제1절 연구의 설계

1. 예측자료의 시점선정

기업이 도산한 후 도산결과인 갱생과 청산을 알 수 있을 때까지는 평균 1년 이상이 소요된다.[30] 따라서 도산기업의 갱생을 예측할 때 어느 시점의 자료를 이용하느냐에 따라 연구결과가 달라질 수 있다.

본 연구에서는 도산직전년도의 자료를 이용하여 예측하였다. 따라서 예측자료를 도산 이후의 기간으로 늦춰 갈수록 연구결과는 개선될 수 있다. 그럼에도 불구하고 도산직전년도로 정한 이유는 기업의 도산에서 도산결과의 식별까지 평균 1년 정도가 소요된다 할지라도

---

30) 도산처리의 소요기간에 대한 구체적인 내용은 본 연구의 제2장을 참조하기 바람.

이를 기업별로 조사해보면 기업마다 현격한 차이가 있다. 그러나 기업의 회계단위는 1년으로 되어 있기 때문에 예측자료의 시점을 도산결과가 임박한 경우로 하면 기업에 따라 도산 이전의 자료가 이용될 수도 있고 도산 이후의 자료가 이용될 수도 있어서 연구자료의 동질성을 확보하기가 힘들며 연구결과의 해석도 어려워진다.

2. 갱생과 청산에 대한 조작적 정의

도산기업이 법정관리를 신청한 경우 갱생과 청산을 정의할 수 있는 방법은 세 가지이다. 첫째는 법정관리의 개시를 갱생으로, 기각을 청산으로 정의하는 것이고, 둘째는 개시 후 정리계획인가를 갱생으로, 기각 또는 정리계획불인가에 의한 폐지를 청산으로 정의하는 것이다. 셋째는 종결을 갱생으로, 기각과 폐지를 모두 포함하여 청산으로 정의하는 것이다. 세 번째 정의의 폐지기업은 정리계획인가 후 폐지되는 경우도 포함된다는 점에서 두 번째 청산정의와 차이가 있다. 이러한 정의를 보다 쉽게 파악하기 위하여 법정관리절차의 각 단계별 구조를 1977년에서 1994년까지 상장기업의 사례 수에 따라 도식화하면 〈그림 5〉와 같다.

〈그림 5〉에서 총 법정관리신청기업은 59개 기업이었고 이 중에서 개시를 받은 기업은 39개이고 기각을 받은 기업은 17개이었다. 또한 개시기업 중에서 정리계획인가 기업은 27개이었고 정리계획인가를 받지 못하고 폐지된 기업은 7개이었다. 정리계획인가를 받은 후 갱생에 완전히 성공하여 법정관리절차를 종결한 기업은 4개에 불과하였고 도중에 폐지된 기업은 동양정밀 1개였으며 나머지 기업은 법정관리가 진행 중이었다.

〈그림 5〉 법정관리절차에 따른 갱생과 청산의 정의와 사례 수[a]

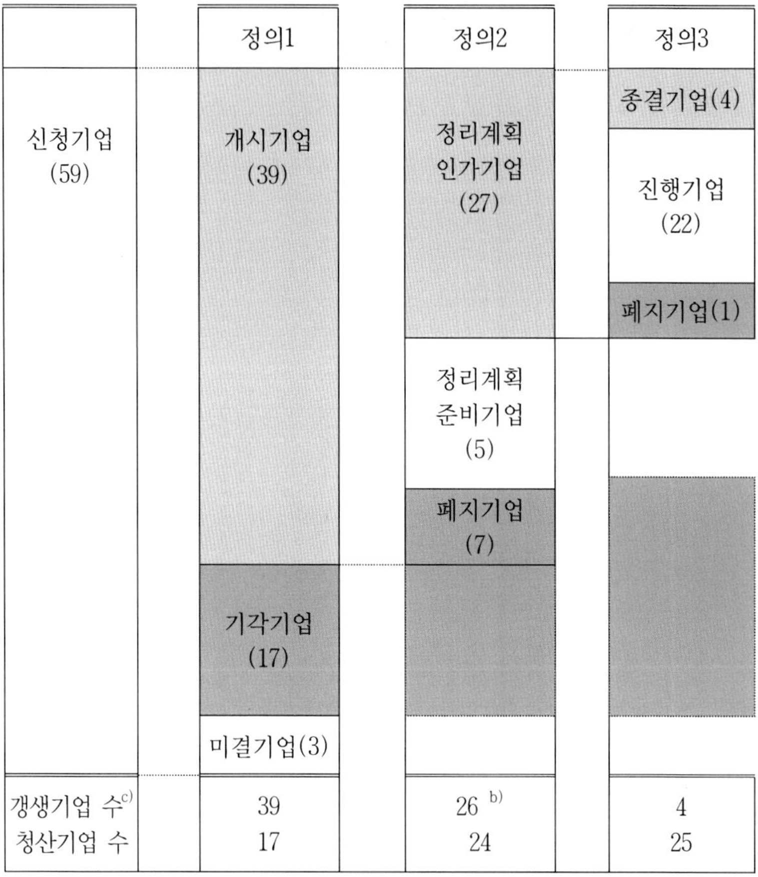

	정의1	정의2	정의3
신청기업 (59)	개시기업 (39)	정리계획 인가기업 (27)	종결기업(4)
			진행기업 (22)
			폐지기업(1)
		정리계획 준비기업 (5)	
		폐지기업 (7)	
	기각기업 (17)		
	미결기업(3)		
갱생기업 수[c] 청산기업 수	39 17	26 [b] 24	4 25

a) 표본: 1977년부터 1994년까지 법정관리를 신청한 상장기업(기준 년 월: 1994년 12월)
b) 정리계획이 인가된 27개 기업 중에서 정리절차가 폐지된 1개 기업을 제외한 수치임.
c) 갱생기업은 각 경우가 순차적으로 완료되어야 표본으로 선정되지만 청산기업은 기각 또는 폐지가 독립적으로 표본에 포함된다.(즉 정의 3에서 갱생기업의 표본 수는 종결 4개 기업만이 해당되지만 청산기업은 기각 17개 기업과 개시기업 중 폐지된 7개 기업 그리고 정리계획인가기업 중 폐지된 1개 기업이 모두 합해진 수이다.)

d) 갱생기업
    청산기업

〈그림 5〉의 하단 부분에 갱생과 청산에 대한 세 가지 정의가 제시되었는데 이 중에서 가장 확실한 정의는 세 번째 정의이다. 그러나 세 번째 정의에 의할 경우 종결기업 수가 4개밖에 되지 않아 연구를 수행하기에는 부족하였다. 따라서 본 연구에서는 차선책으로 두 번째 정의에 의하여 갱생과 청산을 정의한다.[31]

3. 방법론

종속변수가 범주형태를 갖는 경우 적용할 수 있는 대표적인 통계기법은 다중판별분석(MDA : multiple discriminant analysis)과 로짓분석(logit analysis)이다.

다중판별분석은 도산예측에서 널리 사용되었으나 통계적으로 독립변수가 정규분포를 이루어야 한다는 점과 두 집단의 분산이 동일해야 한다는 가정이 필요하다. 만약 이 가정이 위배된다면 통계검증을 수행하는 것이 의의가 없다. 또한 다중판별분석은 사전적 확률이 주어졌을 경우 베이지안 수정과정을 거쳐 사후확률을 도출하게 되는데 위의 가정이 위배된다면 이러한 수정과정은 일반적으로 타당하지 못하거나 부정확하게 된다.

다중판별분석의 또 다른 문제점은 판별점수의 해석에 있다. 각 기업별로 구해지는 판별점수는 순위에 의하여 두 집단 간의 차이를 극대화하고 집단 내의 분산은 극소화하도록 도출된 가중치를 이용하므로 해석이 어려운 하나의 수치에 불과하다.

---

31) 개념적으로 보면 이러한 문제는 기존의 도산예측연구에서도 발생한다. 즉 일정시점에서 비도산으로 판명이 되어도 불확실성이 존재하는 한 그 기업은 1년 후에 도산할 수도 있다.

Ohlson(1980)은 다중판별분석의 단점을 극복하기 위하여 도산예측연구에 확률적 모형인 로짓분석을 사용하였다. 로짓분석은 다중판별분석의 가정이 필요하지 않기 때문에 독립변수들의 통계적 유의성 검정이 의의를 갖는다. 또한 로짓분석의 결과로 나오는 수치는 0과 1 사이의 확률 값을 가지므로 다중판별분석의 판별점수에 비하여 이해하기 쉽고 적용이 편리하다.

도산결과예측은 종속변수가 갱생과 청산이라는 범주형태로 나타난다. 여기에서 갱생하는 경우를 y=1로 표시하고 청산하는 경우를 y=0으로 표시한다면 어느 기업 i가 법정관리를 신청한 경우 그 기업이 갱생할 확률 Pi는 다음과 같이 나타낼 수 있다.[32]

$$P_i = P(y_i = 1) = F(X_i, \theta) \qquad (6)$$

위 식에서 X_i는 기업 i에 대한 독립변수의 벡터를 의미하고 θ는 알려지지 않은 변수의 벡터를 나타낸다. 함수 $F(X_i, \theta)$는 범주형태의 값을 갖는 종속변수를 다수의 독립변수로 설명하기 위한 통계모형이다. 도산결과에 관한 실증적·개념적 이론이 없는 한 함수 F는 계산하기 쉽고 해석이 용이하도록 선택하는 수밖에 없다. 그러한 함수 중의 하나가 로지스틱함수(logistic function)이며 다음과 같이 표시된다.

$$P_i = F(w_i) = \frac{e^{w_i}}{1 + e^{w_i}} \qquad (7)$$

여기에서 $w_i = \theta \cdot X_i$이며 함수 F는 확률분포 함수이기 때문에 그 값이 0

---

32) logit모형에 대한 설명은 Chun(1984)을 참조하였음.

에서 1까지로 제한되고 F 는 w 의 증가함수이며 $w_i = \log[P/(1-P)]$이다.

이러한 로지스틱 분포함수를 가정한 후 다음단계는 최우도추정기법(MLE: maximun likelihood estimation)을 이용하여 θ를 추정하는 것이다. 이 모형의 우도함수(LF: likelihood function)는 식(8)과 같다.

$$LF = \prod_{i=1}^{i=n} F(\theta \cdot X_i)\,[1 - F(\theta X_i)] \qquad (8)$$

여기에서 n은 관찰치의 수이며 식(8)을 우도함수 로그형태(log LF)로 표시하면 식(9)과 같다.

$$\log LF = \sum_{i=1}^{i=n} Y_i \log F(\theta \cdot X_i) + \sum_{i=1}^{i=n} (1 - Y_i) \cdot \log[1 - F(\theta \cdot X_i)] \qquad (9)$$

MLE 추정치인 θ는 식(8)을 극대화하는 θ로 정의되며 θ는 식(9)의 1차 미분조건식을 θ에 대하여 구함으로써 얻어진다.

4. 표본선정과 자료수집

표본은 1977년에서 1994년 사이에 회사정리법에 의하여 법정관리를 신청한 상장기업을 대상으로 갱생기업과 청산기업을 분류하여 선정하였다. 본 연구에서 갱생기업의 정의는 법정관리신청 후 개시결정과 정리계획인가를 받은 기업이고 청산기업은 법정관리신청이 기각되었거나 정리계획인가를 받지 못한 기업이다.

  법정관리신청기업과 갱생 및 청산기업의 명단은 증권감독원이 연간으로 발행하는 『자본시장연구』의 시장조치사항을 참조하였으며 부족한 자료는 한국언론연구원의 언론종합정보은행(KINDS: Korean Integrated Newspapers Database System)에서 보충하였다. 표본으로 선정된 갱생기업은 22개 기업이고 청산기업은 23개 기업이다.[33] 갱생기업과 청산기업의 업종과 년도별 사례 수는 〈표 15〉와 같으며 이에 대한 자세한 자료는 〈부록 1〉에 수록하였다.

〈표 15〉 표본기업의 업종 및 년도별 사례 수

업종＼년도	1977-1980년 (갱생/청산)	1981-1990년 (갱생/청산)	1991-1994년 (갱생/청산)	계 (갱생/청산)
어업, 광업	0/0	0/0	1/0	1/0
음식료업	0/0	0/0	1/0	1/0
섬유의복업	0/1	1/1	1/2	2/4
나무종이업	0/0	1/1	1/1	2/2
화학고무업	2/0	1/0	1/3	4/3
금속제조업	0/0	1/0	0/2	1/2
조립기계업	1/0	1/0	4/6	6/6
건설업	0/1	1/0	0/0	1/1
도소매업	0/2	0/0	2/3	2/5
운수창고업	0/0	2/0	0/0	2/0
금융보험업	0/0	0/0	0/0	0/0
계	3/4	8/2	11/17	22/23

---

33) 실증적 연구에 포함된 표본기업 수는 〈그림 5〉에 나타난 정의 2의 총 대상기업 중에서 자료수집이 가능한 기업을 추출한 관계로 4개의 갱생기업과 1개의 청산기업이 제외된 수치이다.

〈표 15〉에 의하면 1990년 이전에 갱생이 11개 기업, 청산이 6개 기업인데 비하여 1991년부터 1994년까지 4년 동안에는 갱생이 11개 기업, 청산이 17개 기업으로 1990년 이후에 청산기업이 증가하였다. 업종별 분포는 섬유의류업, 화학고무업, 조립기계업, 도소매업의 빈도수가 높았는데 이 중에서 섬유의류업과 도소매업은 갱생보다 청산비중이 높았다.

표본기업에 대한 재무 및 주가자료는 상장회사협의회의 상장회사총람, 한국신용평가주식회사의 한국기업총람, KIS-SMAT, KIS-DIAL 그리고 한국기업평가주식회사의 기업정보(KMCC)에서 추출하였다.

5. 변수의 측정

(1) 영업권: 개념적으로 영업권은 기업이 계속 영업할 때의 가치(계속가치)와 청산되었을 때의 가치(청산가치)와의 차이로 정의된다. 기업의 계속가치는 지분의 계속가치와 부채의 계속가치로 구분할 수 있다. 청산가치도 지분의 청산가치와 부채의 청산가치로 구분할 수 있으며 이것은 각 자산의 공정한 처분가치의 총합과 같다. 여기에서 부채의 계속가치와 부채의 청산가치가 동일하다고 가정한다면 영업권은 지분의 계속가치와 지분의 청산가치의 차이로 정의할 수 있다.[34] 그런데 여기에서 지분의 청산가치는 총청산가치에서 부채의 청산가치를 차감한 것과 같다. 따라서 영업권은 지분

---

34) 영업권은 총기업가치의 극대화 관점에서 고려되는 변수이며 채권자의 의사결정과는 독립적이기 때문에 부채의 계속가치와 청산가치는 동일하다고 가정하였다.

의 계속가치와 (청산가치 - 부채의 청산가치)와의 차이로 나타낼
수 있다. 지분의 계속가치는 총주식의 시가로, 청산가치는 총유형
자산의 장부가치로, 부채의 청산가치는 부채의 장부가치로 측정하
다면 영업권은 다음과 같이 계산할 수 있다.

$$\text{영업권(GDW)} = \frac{\text{발행주식의시가총액①} - \text{순유형자산장부가치②}}{\text{총유형자산장부가치③}}$$

$$(13)$$

$$① = \text{보통주의 발행주식수} \times \text{결산월의 평균주가}$$
$$② = \text{총유형자산 장부가치} - \text{부채의 장부가치}$$
$$③ = \text{총자산} - (\text{이연자산} + \text{무형고정자산})$$

여기에서 총유형자산장부가치로 나눈 것은 기업규모로 인한 영
향을 통제하기 위한 것이다. 이러한 측정방식의 기본적 사고는 기
업의 계속가치에 대한 시장자료와 청산가치에 대한 회계자료를 사
용한 것이나 제약이 없는 것은 아니다. 대차대조표의 총유형자산들
은 역사적 원가제도, 임의적인 감가상각 및 재고평가 등의 문제점
을 내포한 수치들이며 시장의 거래비용과 정보비용, 불완전시장의
존재 등은 평가문제를 더욱 어렵게 한다. 그러나 이러한 제약에도
불구하고 영업권에 대한 보다 나은 측정방법이 없는 한 식(13)을
이용하여 영업권을 측정한다.

식(13)에 의한 영업권 측정에서 표본기업의 대상년도가 1977년
부터 1994년까지로 장기간인 점을 고려하여 발행주식의 시가계산
에서 결산월의 평균주가는 1990년을 기준으로 연도별 종합주가지
수를 비교하여 환산하였다. 이에 따라 순유형자산의 장부가치계산
도 자산 및 부채의 장부가치를 화폐성과 비화폐성을 구분하여 물

가지수로 수정한 수치를 이용하였다.

영업권측정과 관련하여 또 하나 고려해야 할 사항은 순유형자산의 가치가 음(-)으로 나타날 때이다. 이러한 기업은 항상 양의 영업권을 갖게 되는데 직관적으로 다른 조건이 동일하다면 음적 순유형자산을 갖는 기업은 재무조건이 악화되어 있을 것이다. 이러한 결과를 완화하기 위하여 음의 순유형자산을 나타낸 기업은 그 값을 0으로 계상하여 영업권을 측정하였다.

(2) 유동성: 유동성에 대한 측정은 총유형자산에 대한 유동자산의 비율로 측정한다. 총유형자산은 총자산에서 청산가치가 없으리라고 예상되는 이연자산과 무형고정자산을 차감한 것이다. 재무분석에서 자주 이용되는 유동비율은 유동자산을 유동부채로 나눈 점에서 본 연구의 유동성변수와 구분된다.

유동성(LIQ) = 유동자산/총유형자산 장부가치

(3) 영업위험: 영업위험의 측정은 장기간에 걸친 기업의 영업이익변화로 측정하는 것이 가장 적정할 것이다. 그러나 본 연구에서는 자료수집의 어려움 때문에 기업에 대한 영업위험을 단기간에서도 측정이 가능한 영업레버리지도(DOL: Degree of Operating Leverage)를 이용하였다. 영업레버리지는 매출액변화가 영업이익변화에 미치는 영향을 나타내는 측정치로써 탄력성의 개념이다. 기업의 원가구성 면에서 고정비 항목이 차지하는 비중이 클수록 DOL은 높아진다. DOL의 측정은 아래의 공식에 의하였으며 이에 대한 자료는 한국신용평가주식회사에서 제공하는 KIS-DIAL의 기업재무정보에서 재무제표와 손익분석내용을 통해 수집하였다.

$$영업위험(RISK) = DOL = \frac{S - VC}{S - VC - FC}$$

여기에서 S = 매출액, VC = 변동비, FC = 고정비

(4) 기업규모: 기업규모의 측정은 생산자물가지수[35]를 적용한 매출액에 자연로그를 취하여 측정하였다. 생산자물가지수는 1990년을 기준 년도로 물가등락률이 반영된 것이다. 자연로그로 표준화한 것은 원본자료에 대한 단순한 변환이며 이것은 기존의 매출액 순위를 보존할 수 있을 뿐만 아니라 통계적으로 자료의 비정규성을 완화할 수 있기 때문에 사용하였다. 기업규모에 대한 측정방법으로 매출액과 더불어 총자산이 많이 이용된다. 그러나 둘의 관계는 대부분 상관관계가 높아서 어느 하나를 이용하는 것으로 충분하다.

기업규모(SIZE) = ln[매출액×(100/t년도 생산자물가지수)]

(5) 무담보자산: 무담보자산은 담보로 설정되지 않은 자산을 의미하며 총유형자산에서 담보설정자산을 차감하여 측정된다. 담보자산에 대한 내용은 감사보고서의 주석사항에서 추출하였다. 담보자산은 장부가치를 기준으로 하였고 자기기업을 위해 제공된 담보자산은 물론 타인을 위해 제공된 담보자산도 포함하였다.

무담보자산(FREE) = (총유형자산 - 담보자산)/총유형자산

(6) 주식수익률: 기업의 주식수익률은 기말주가에서 기초주가를

---

35) 한국은행은 1992년 12월에 기존의 도매물가지수를 생산자물가지수로 소매물가지수를 소비자물가지수로 물가지수에 대한 명칭을 변경하였다.

차감하고 이 금액을 기초주가로 나누어 구해진다. 그러나 이 주식수익률은 기업의 고유한 요인에 의한 것이라기보다는 기업과 시장 전체의 요인이 혼합되어 나타난 것이기 때문에 시장 요인에 의한 주가의 변동 부분을 제거해야 한다.

시장 요인에 의한 변동 부분을 기대수익률로 간주한다면 기업의 실현된 주식수익률에서 기대수익률을 차감하여 초과수익률을 계산할 수 있다. 본 연구의 주식수익률에 대한 측정은 초과수익률을 누적한 누적평균초과수익률을 이용하였다. 측정방법에서 시장 요인에 의한 주가의 변동 부분은 주식시장의 종합주가지수를 이용하였으며 기업별로 법정관리신청 직전 1년 동안의 월별 초과수익률을 구하고 이를 누적한 값으로 계산하였다.

$$주식수익률(STOCK) = \sum_{t=1}^{12}(R_{jt} - R_{mt})$$
$$R_{jt} = j기업의 \ t월의 \ 주가수익률$$
$$R_{mt} = 종합주가지수에 \ 의한 \ t월의 \ 주가수익률$$

(7) 부채규모: 부채규모의 측정은 앞의 기업규모의 측정과 유사하게 기업별로 총부채금액을 생산자물가지수를 적용하여 현재가치화하고 여기에 자연로그를 취하여 측정하였다.

$$부채규모(DEBT) = \ln[총부채 \times (100/t년도 \ 생산자물가지수)]$$

(8) 존속기간: 존속기간은 기업의 설립연도에서 도산연도까지의 존속한 기간을 의미한다. 법정관리를 신청한 상장기업의 존속기간은 최소 4년에서 최대 53년이었으므로 존속기간의 측정을 연수로 측정하였다.

$$존속기간(YEAR) = 도산년도 - 설립년도$$

제2절 연구의 결과

1. 기술통계와 t-검증결과

　도산결과예측에 사용된 변수들의 갱생기업군과 청산기업군에 대한 차이를 알아보기 위하여 각 기업군별 평균 및 표준편차와 기업군 간의 차이에 대한 t-검증을 실시하였으며 그 결과는 〈표 16〉과 같다.

〈표 16〉 변수의 t-검증결과

집단 변수[a]	갱생기업		청산기업		t 값 (예상부호)	통계적 유의성[b]
	평균	표준편차	평균	표준편차		
GDW	0.153	0.138	0.095	0.170	1.268 (＋)	0.2116
LIQ	0.631	0.149	0.691	0.102	-1.566 (－)	0.1259
RISK	2.412	2.548	2.535	1.056	-0.212 (－)	0.8328
SIZE	10.71	1.010	10.27	0.630	1.743 (＋)	0.0901*
FREE	0.732	0.168	0.585	0.161	2.977 (＋)	0.0048***
STOCK	-0.142	0.569	-0.563	0.693	2.233 (＋)	0.0309**
DEBT	10.72	1.128	10.15	0.494	2.159 (＋)	0.0394**
YEAR	24.13	11.1	15.08	7.42	3.209 (＋)	0.0028***
표본 수	22		23			

　a) GDW: 영업권, LIQ: 유동성, RISK: 영업위험, SIZE: 기업규모(매출액),
　　 FREE: 무담보자산, STOCK: 주식초과수익률, DEBT: 총부채, YEAR:
　　 설립연수
　b) ***: 1% 수준에서 유의적인 변수
　**: 5% 수준에서 유의적인 변수
　*: 10% 수준에서 유의적인 변수

〈표 16〉의 기술적 통계분석에서 각 변수의 갱생기업군과 청산기업군의 평균을 비교해 보면 모든 변수들이 가설의 예상부호와 같은 방향으로 나타났다. 즉 영업권(GDW), 기업규모(SIZE), 무담보자산(FREE), 주식수익률(STOCK), 부채규모(DEBT), 존속기간(YEAR)은 갱생기업군의 평균이 청산기업군보다 높았고 유동성(LIQ), 영업위험(RISK)은 청산기업군이 갱생기업군보다 높았다.

각 변수에 대한 t-검증결과는 무담보자산(FREE)과 존속기간(YEAR)이 1%의 통계적 수준에서 유의적인 것으로 나타났고 주식수익률(STOCK)과 부채규모(DEBT)는 5%의 수준에서 유의적이었으며 기업규모(SIZE)는 10%의 수준에서 유의적이었다. 그러나 영업권(GDW), 유동성(LIQ), 영업위험(RISK) 등은 비유의적인 것으로 나타났다. 다만 t-검증 결과는 독립변수들의 개별적인 영향을 측정한 것이므로 변수들 간의 상호작용은 고려되지 않았다는 점에서 결과의 해석에는 주의가 필요하다.

〈표 17〉은 변수 간의 피어슨 상관관계를 나타낸 것이다. 〈표 17〉에서 가장 상관계수가 높은 변수는 기업규모(SIZE)와 부채규모(DEBT)로 0.777이었으며 이에 대한 통계 검증 값도 $p = 0.0001$로 나타내 매우 높은 양의 상관관계를 갖고 있다. 그 외 변수들 간의 상관계수는 0.3 이하이며 이에 대한 통계적 유의성도 비유의적인 것으로 나타나 매우 낮은 상관관계를 가지고 있었다.

부채규모(DEBT)와 기업규모(SIZE)는 높은 상관관계를 갖는 변수이기 때문에 이러한 변수들을 다변량분석에 동시에 투입한다면 다중공선성(multicollinearity)의 문제 등이 발생할 수 있으므로 적절한 조치가 취해져야 한다. 따라서 본 연구의 다변량분석인 로짓분석에서는 부채규모가 기업규모를 대변하는 대용치로서 사용할 수 있기 때문에 기업규모(SIZE)변수를 제외하고 분석하였다.

<표 17> 설명변수의 상관관계표

변수	GDW	LIQ	RISK	SIZE	FREE	STOCK	DEBT	YEAR
GDW	1							
LIQ	-.171a) (.262)	1						
RISK	.067 (.663)	.042 (.782)	1					
SIZE	-.102 (.506)	-.135 (.377)	.175 (.249)	1				
FREE	.059 (.701)	.231 (.127)	.151 (.323)	.033 (.827)	1			
STOCK	-.057 (.711)	.070 (.649)	-.147 (.336)	.108 (.479)	.093 (.545)	1		
DEBT	-.046 (.766)	-.097 (.527)	.087 (.569)	.777 (.000)*	.081 (.599)	.034 (.822)	1	
YEAR	.118 (.438)	-.143 (.349)	.020 (.896)	.213 (.159)	.213 (.160)	.216 (.152)	.156 (.307)	1

a) 피어슨 상관계수(Prob>|R|), Ho: Rho=0
   *: 1% 수준에서 유의함
b) 표본 수(N)=45

2. Logit 분석결과

각 변수에 대한 t-검증은 그 변수들이 도산결과에 영향을 미쳤는가를 알 수 있게 해 준다. 그러나 현실적으로는 도산결과가 어느 한 요인에 의하여 영향을 받기보다는 여러 변수들이 상호작용하면서 결과에 영향을 미치게 된다. 따라서 변수들 간의 상호관계를 고려한 다변량분석인 로짓분석을 통해 도산결과예측을 시도하였으며 그 결과는 〈표 18〉과 같다.

〈표 18〉 로짓분석의 결과 값

변 수	모수추정치	Wald x^2	Pr〉x^2	비고[a]
GDW	5.8963	3.0335	0.0816	*
LIQ	-6.1893	1.7239	0.1892	
RISK	-0.1341	0.3888	0.5329	
FREE	8.6167	5.8266	0.0158	**
STOCK	2.0817	3.6865	0.0549	*
DEBT	1.4499	3.5689	0.0589	*
YEAR	0.0616	1.3956	0.2375	
상수	-17.2775	3.4224	0.0643	

a) **: 5% 유의 수준에서 유의적인 변수
   *: 10% 유의 수준에서 유의적인 변수
b) 모형에 대한 통계 값
   AIC (원 모형 값: 64.4, 축소모형 값: 47.4)
   SC (원 모형 값: 66.2, 축소모형 값: 61.8)
   -2 Log(L): $x^2 = 30.940$ (p=0.0001) - 모형의 적합도
   Score: $x^2 = 22638$ (p=0.0020) - 독립변수의 설명력

　로짓분석에서 도산결과예측에 가장 영향력 있는 것으로 나타난 변수는 무담보자산(FREE)으로 5%의 수준에서 유의적인 것으로 나타났다. 그 외에도 영업권(GDW), 부채규모(DEBT), 주식수익률(STOCK)이 10% 수준에서 유의성이 있는 것으로 나타났다.

　로짓분석에서 모형의 적합도를 알아보기 위한 척도로 아카이케 정보기준(AIC: Akaike's Information Criterion)과 슈바르쯔 베이지안 기준(SC: Schwartz's Criteron)이 있다. 이 기준의 구체적인 이용방

법은 AIC와 SC에 대하여 원 모형(original model with covariate)과 축소모형(reduced model without covariate)의 값을 비교하여 그 값의 통계적 차이를 검증하게 되는데 원 모형의 값이 축소모형의 값보다 작을수록 모형의 적합도는 높아진다. 여기에서 원 모형이란 설명변수가 포함된 본래의 모형을 의미하고 축소모형이란 원 모형에서 설명변수의 계수 값을 0으로 하였을 때의 모형을 의미한다.[36]

본 연구결과에 의하면 AIC와 SC는 모두 원 모형의 값이 축소모형에 비하여 작았으며 이에 대한 통계적 검증결과는 $x^2 = 30.940$으로 나타나 모형이 1%의 유의 수준에서 의미가 있었다. 한편 독립변수가 종속변수를 설명하는 정도를 나타내는 Score 값은 $x^2 = 22.638$로 역시 1%의 수준에서 유의적이다.

로짓분석을 통하여 도출된 도산결과예측모형과 그에 따른 각 기업의 갱생과 청산확률의 계산방법은 다음과 같다.

$$E(logit) = -17.278 + 5.8963 \times GDW - 6.1893 \times LIQ - 0.1341 \times RISK + 8.6167 \times FREE + 2.0817 \times STOCK + 1.4499 \times DEBT + 0.0616 \times YEAR$$

$$P(청산) = EXP\{-E(logit)\}/[1 + EXP\{-E(logit)\}]$$

$$P(갱생) = 1 - P(청산)[37]$$

---

36) $AIC = -2LOG(L) - 2(K + S)$
   $SC = -2LOG(L) + (K + S)log(N)$
   $2LOG(L) = -2 * [L(W)/L(O)]$
   여기에서 K = 반응수, S = 독립변수의 수, N = 관찰치의 갯수
       L(W) = 원 모형(설명변수가 포함된 모형)의 우도함수 극대 값
       L(O) = 축소모형(상수만 존재하는 모형)의 우도함수 극대 값
37) 본 연구에서는 로짓분석을 위한 통계처리과정에서 갱생에 대한 변수 값을 0으로, 청산에 대한 변수 값을 1로 하였는데 만약 갱생=1, 청산=0으로 하여 처리한 경우 갱생과 청산확률의 계산은 아래의 공식을 이용하여야

위의 모형을 이용하여 표본기업에서 갱생과 청산기업 1개씩을 대상으로 갱생과 청산확률을 계산하면 다음과 같다.

(갱생기업: 한진중공업)

$E(logit) = -17.278 - 5.8963×0.13 - 6.1893×0.68 - 0.1341×1.3 + 8.6167×0.6 + 2.0817×(-0.32) + 1.4499×12.93 + 0.0616×50 = 5.283$

$P(청산) = EXP\{-5.283\}/[1 + EXP\{-5.283\}] = 0.50$

$P(갱생) = 1 - P(청산) = 99.5$

(청산기업: 아남정밀)

$E(logit) = -17.278 - 5.8963×0.19 - 6.1893×0.78 - 0.1341×0.65 + 8.6167×0.68 + 2.0817×(-2.19) + 1.4499×10.66 + 0.0616×12 = -3.784$

$P(청산) = EXP\{3.784\}/[1 + EXP\{3.784\}] = 97.78$

$P(갱생) = 1 - P(청산) = 2.22$

갱생기업인 한진중공업은 1987년 4월에 법정관리를 신청한 후 1990년 5월에 정리계획인가를 받아 갱생한 기업인데 본 모형에 의하면 한진중공업의 재무조건은 갱생확률이 99.5%이고 청산확률이 0.50%였다. 청산기업인 아남정밀은 1992년 4월 3일에 법정관리신청을 하였으나 1994년 4월 25일에 기각된 기업인데 갱생할 확률이 2.22%였고 청산할 확률이 97.78%이었다.

위와 같은 계산을 전 표본기업에 적용하여 갱생확률을 계산하면 〈표 19〉와 같으며 이를 그림으로 나타내면 〈그림 6〉 및 〈그림 7〉

한다.

$P(갱생) = EXP\{-E(logit)\}/[1 + EXP\{-E(logit)\}]$

$P(청산) = 1 - P(갱생)$

과 같이 나타낼 수 있다.

<h3 align="center">〈표 19〉 표본기업의 갱생확률</h3>

갱생기업(n=22)		청산기업(n=23)	
기업명	갱생확률	기업명	갱생확률
1. 삼성제약	83.33383	1. 일신	1.44851
2. 정풍물산	44.79462	2. 석락산업	34.46123
3. 대동화학	71.80836	3. 새서울상사	8.18290
4. 진양	32.22092	4. 평안섬유	18.77722
5. 공영통건	99.99129	5. 태창목재	20.62124
6. 동산유지	96.63627	6. 대도상사	17.88589
7. 삼선공업	98.20172	7. 영원통신	25.96696
8. 흥아해운	97.47453	8. 양우화학	8.34182
9. 서울교통	96.97232	9. 기온물산	1.27405
10. 남선물산	99.86883	10. 신한인터	14.30307
11. 한진중공업	99.49489	11. 영태전자	36.30087
12. 흥양	96.32406	12. 중원전자	23.69688
13. 미우	20.16292	13. 경일화학	13.86139
14. 보루네오	98.25839	14. 아남정밀	2.22196
15. 삼양광학	64.28972	15. 신정제지	4.33581
16. 논노	80.15883	16. 대미실업	64.77824
17. 삼호물산	92.15933	17. 건풍제약	19.01964
18. 거성산업	95.76497	18. 우진전기	19.60414
19. 동성반도체	18.10568	19. 한일양행	91.17254
20. 제일냉동	29.80755	20. 요업개발	5.17192
21. 한국벨트	87.13494	21. 한국강관	59.23841
22. 협진양행	96.08817	22. 백산전자	9.59872
		23. 우단	0.27294

a) 갱생확률은 아래 공식에 의하여 계산되었다.

$E(logit) = -17.278 + 5.8963 \times GDW - 6.1893 \times LIQ - 90.1341 \times RISK$
$+ 8.6167 \times FREE + 2.0817 \times STOCK + 1.4499 \times DEBT + 0.0616 \times YEAR$
$P(청산) = EXP\{-E(logit)\}/[1 + EXP\{-E(logit)\}]$
$P(갱생) = 1 - P(청산)$

〈그림 6〉 갱생기업의 예측률

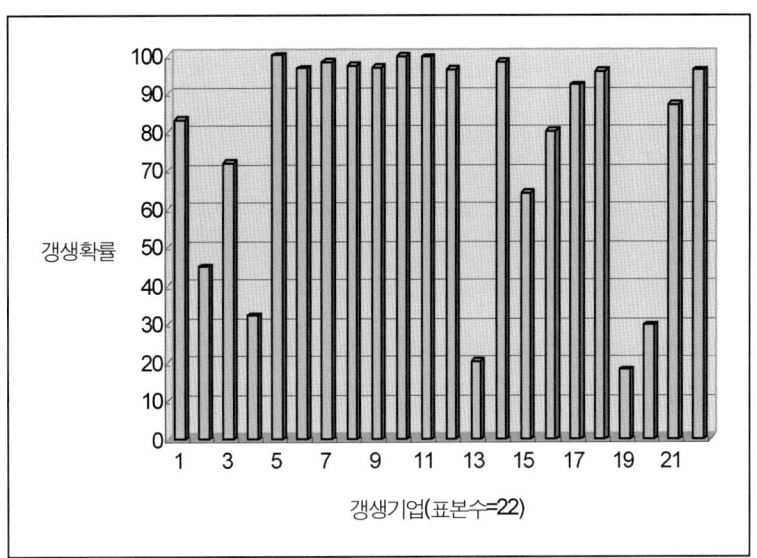

〈그림 7〉 청산기업의 예측률

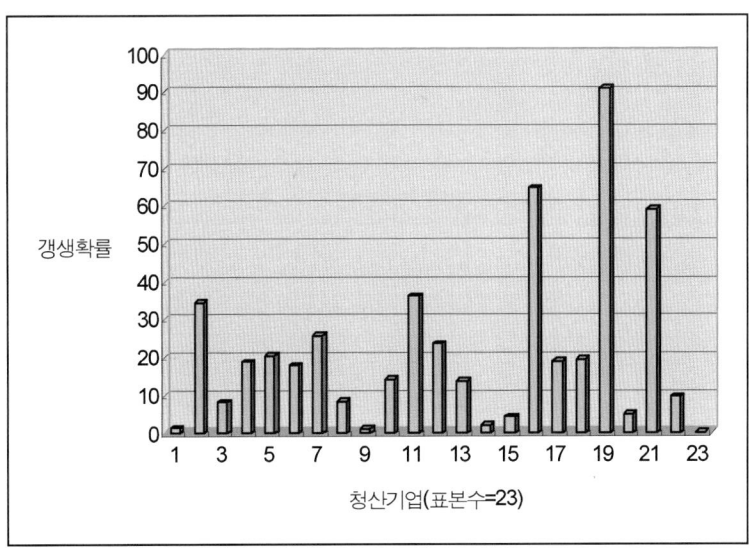

3. 도산결과의 예측력 검증

로짓분석을 통해 도출한 도산결과예측모형은 도산기업의 갱생과 청산을 예측하는 데 이용될 수 있으며 예측력 검증방법을 설명하면 다음과 같다.

1) 각 기업의 갱생확률을 계산한다. 2) 판별점(cutoff points)을 이동시키면서 총오분류율(제1종 오류와 제2종 오류의 합)을 계산한다. 제1종 오류(type 1 error)는 청산기업을 갱생기업으로 분류하는 오류이고 제2종 오류(type 2 error)는 갱생기업을 청산기업으로 분류한 오류이다. 3) 총오분류율을 최소화하는 판별점(최적판별점)에서 분류정확도를 계산한다. 만약 최적판별점이 다수 발생하는 경우에는 제1종 오류를 최소화하는 판별점을 최적판별점으로 한다.

예측력 검증순서에서 각 기업에 대한 갱생확률은 〈표 19〉에서 이미 계산하였다. 그 다음으로 판별점의 변화에 따른 총오분류율 및 제1종 오류와 제2종 오류의 측정은 〈표 20〉과 같다. 판별점의 간격은 총오분류율이 변화되는 것을 충분히 반영되도록 설계한 것이며 따라서 아주 미세한 단위로 판별점을 이동시켜도 더 낮은 오분류율은 발생하지 않았다. 총오분류율을 최소화시키는 판별점은 0.40, 0.60, 0.65, 0.70이 네 곳이었으며 이 판별점들에서 모형의 소분류율은 최소화되고 예측력은 84%이다.

〈표 20〉 판별점 이동에 따른 오분류율

판별점 (기준＝갱생확률)	오분류기업 수(오분류율)[a]		
	제1종 오류	제2종 오류	총오류
0.00	23(1.00)	0(0.00)	23(0.51)
0.10	14(0.61)	0(0.00)	14(0.31)
0.20	8(0.35)	1(0.05)	9(0.20)
0.25	6(0.26)	2(0.09)	8(0.18)
0.30	5(0.22)	3(0.14)	8(0.18)
0.35	4(0.17)	4(0.18)	8(0.18)
0.40	3(0.13)	4(0.18)	7(0.16)*
0.45	3(0.13)	5(0.23)	8(0.18)
0.50	3(0.13)	5(0.23)	8(0.18)
0.55	3(0.13)	5(0.23)	8(0.18)
0.60	2(0.08)	5(0.23)	7(0.16)*
0.65**	1(0.04)	6(0.27)	7(0.16)*
0.70**	1(0.04)	6(0.27)	7(0.16)*
0.75	1(0.04)	7(0.32)	8(0.18)
0.80	1(0.04)	7(0.32)	8(0.18)
0.90	1(0.04)	10(0.45)	11(0.24)
1.00	0(0.00)	22(1.00)	22(0.49)

a) 제1종 오류: 청산기업을 갱생기업으로 예측한 오류
   제2종 오류: 갱생기업을 청산기업으로 예측한 오류
b) *: 최소오분류율의 판별점
   **: 최소오분류율의 판별점 중에서 제1종 오류가 최소화되는 판별점

제1종 오류와 제2종 오류의 수치에 의미를 두지 않는다면 네 곳의 판별점은 모형에 의한 도산결과를 예측하는 데 모두 이용될 수 있는 판별점이다. 다만 최근에 도산예측연구에서 총오분류율을 기준으로 판별점을 선택하는 방식이 실제 의사결정상황에서 유용성에 한계를 가질 수 있다는 주장이 있다.[38] 이러한 주장에 따르면

38) 예를 들어 미국의 은행협회 자료에 따르면 제1종 오류의 손실이 제2종 오류의 손실보다 38배나 높다고 보고한 적이 있다.(정혜영 등 5인 공저; 1993, p.256)

총오분류율 중에서도 제2종 오류보다는 제1종 오류가 더 중요시되
어야하며 의사결정과정에서 제1종 오류를 최소화하도록 결정되어
야 한다. 따라서 이러한 주장을 감안하여 총오분류율을 최소화하고
그 중에서 제1종 오류를 최소화하는 판별점을 찾으면 0.65와 0.70
이 해당한다. 이러한 최적판별점에서의 분류결과표를 작성하면 〈표
21〉과 같다.

〈표 21〉 도산결과예측모형의 분류표

실제 \ 예측	갱생기업	청산기업	합계	분류정확도[a]
갱생기업	16	6[c]	22	38/45 =0.84(84%)
청산기업	1[b]	22	23	
합 계	17	28	45	

a) 판별점=갱생확률 65% 또는 70%
b) 제1종 오류(청산기업을 갱생으로 예측한 오류): 4%
c) 제2종 오류(갱생기업을 청산으로 예측한 오류): 27%

〈표 21〉을 살펴보면 전체 45개 기업 중에서 갱생과 청산이 정확
하게 예측된 기업은 38개 기업으로 분류정확도는 84%이었다. 22개
의 갱생기업은 16개 기업이 정확히 예측된 반면에 6개 기업의 예
측이 잘못되어 제2종 오류가 27%이었고, 23개의 청산기업은 22개
기업의 예측이 정확하였고 1개 기업의 예측이 잘못되어 제1종 오
류가 4%에 불과하였다.

다만 본 연구에서는 표본 수의 제약 때문에 추정표본(estimation
sample)에 의한 분류정확도를 검증하였으며 유효표본(holdout sam-
ple)에 분류정확도를 검증하지 못하였는데 이 점은 본 연구의 한계라
고 할 수 있다.

제6장 결　론

　본 연구는 도산기업이 갱생하는 경우와 청산하는 경우에 이해관계자인 채권자와 주주의 부에 어떠한 차이를 나타나는가를 조사하였고, 도산기업의 갱생과 청산에 영향을 미칠 수 있는 변수를 선정하여 도산결과를 예측하였다. 기존의 도산연구가 도산예측에 치중한 점에 비하여 본 연구에서 도산결과예측을 시도하였으며 또한 아직까지 국내에서 다루어지지 않았던 도산결과가 이해관계자의 부에 미치는 영향을 조사하였다.

　도산결과가 채권자의 부에 미치는 영향은 도산 전 채권청구액에 대한 도산 후의 보상액의 비율로 측정하였는데 그 결과는 갱생기업의 경우 담보채권자(정리담보권자)는 76.9%, 무담보채권자(정리채권자)는 59.8%를 보상받았다. 반면에 청산기업에서는 담보채권자와 무담보채권자를 구분할 수는 없었지만 전 채권자들에게 5.1%밖에 보상하지 못하는 것으로 나타나 채권자들에게는 갱생이 청산보다 훨씬 유리한 것으로 나타났다.

　도산결과가 주주의 부에 미치는 영향은 두 가지 방법으로 조사하였다. 첫째는 도산 전의 주주지분이 도산 후에 어느 정도 유보되는가를 측정하였고 둘째는 주식시장에서 갱생과 청산사건에 대한 정보가 주식수익률에 어떠한 영향을 미치는가에 대한 사건연구를 실시하였다. 주주지분변동에 대한 조사결과는 갱생기업의 경우 도산 전 주주지분이 도산 후 평균 87.4%유보되는 데 반하여 청산기업에서의 지분유보율은 거의 0%에 해당하였으며 사건연구에서는 갱생기업이 청산기업보다 현격하게 높은 누적평균초과수익률을 실현하고 있는 것으로 나타났다. 사건연구의 검증방법으로 시장조정수익률모형과 시장모형을 이용하였는데 두 방법 간의 연구결과에 차이를 발견할 수 없었다. 두 조사결과를 종합하면 도산기업의 갱생이 청산에 비하여 주주들에게는 훨씬 유리하다는 결론을 내릴 수 있었다.

도산결과예측은 영업권, 영업위험, 유동성, 무담보자산, 주식수익률, 부채규모, 존속기간을 변수로 이용하였으며 연구결과는 다음과 같다. 갱생가능성을 예측하는 데 가장 유의적인 변수는 무담보자산으로 나타났다. 결국 기업에 무담보자산이 많다는 것은 도산에 직면하더라도 추가담보제공 등을 통하여 자금조달이 쉬워지기 때문에 갱생할 가능성이 높아졌다고 할 수 있다. 무담보자산이 가장 유의적으로 나타난 것은 기존의 국내 연구와 비교하여 반대의 결과라고 할 수 있다.(김민철, 1986) 그러나 기존의 연구는 우리나라의 도산기업처리가 정부주도형으로 이루어졌던 1970, 80년대의 표본들을 이용한 것이고 본 연구는 도산기업의 처리가 기업주도형으로 전환된 1990년대 이후의 표본들이 대부분이라는 점에서 결과의 차이를 해석할 수 있다.

무담보자산 이외에도 영업권, 주식수익률, 부채규모가 유의적인 변수로 나타났다. 영업권이 유의적인 변수로 나타난 것은 국내의 기존 연구결과와 일치하는 것이며 주식수익률과 부채규모는 기존 연구에서 이용하지 않았던 변수들인데 유의적인 것으로 나타나서 새로운 요인으로 등장하였다. 특히 부채규모는 기업규모의 효과와 우리나라 기업들의 재무구조현황을 고려한 변수라는 점에서 부채규모가 도산기업의 갱생에 공헌하는 요소로 작용하고 있음을 알 수 있다.

도산결과예측모형의 예측력검증에서는 분류정확도가 84%로 나타나 높은 분류정확도를 가지고 있었다. 더욱이 제1종 오류는 4%에 불과하였는데 미국 은행협회의 조사자료에 의하면 제1종 오류가 제2종 오류를 범하였을 경우보다 높은 손실을 초래한다는 점을 감안할 때 제1종 오류가 낮다는 것은 모형의 유용성을 증가시켜 주는 요인이라 할 수 있다.

본 연구는 국내에서 처음으로 도산결과에 따라 이해관계자들의 부에 미치는 영향을 조사한 점과 법정관리신청기업만을 대상으로 도산결과예측을 시도한 점에서 기존연구와 다른 시도를 하였지만 다음과 같은 한계를 지니고 있다.

첫째, 갱생기업에 대한 가장 정확한 정의는 법정관리절차를 완전히 종결한 경우라고 할 수 있는데 표본의 부족으로 차선책인 정리계획인가기업을 갱생기업으로 정의하였다. 이러한 정의는 정리계획인가기업의 대부분이 향후에 법정관리를 종결하고 정상기업이 된다면 타당성이 있을 수 있지만 종결하지 못하고 중도에 폐지되는 기업이 많다면 잘못된 것이 될 수 있다. 앞으로 법정관리종결기업이 충분하게 확보되면 본 연구의 도산결과예측모형보다 더 우수한 모형을 도출할 수 있다.

둘째, 도산결과예측모형의 분류정확도를 계산하는 과정에서 유보표본에 의한 검증을 하지 못하였다. 본 연구에서 사용한 45개의 표본은 우리나라의 상장기업을 대상으로 법정관리신청기업 중에서 자료의 수집이 가능한 모든 기업이 포함된 것이므로 유보표본을 확보하지 못했다.

본 연구의 주제와 관련하여 다음과 같은 방향의 연구가 이루어져야 할 필요가 있다. 첫째 본 연구에서는 도산결과에 따라 이해관계자들의 부에 미치는 영향을 조사하여 도산기업의 다양한 영향 중의

일부를 파악해 보았다. 도산의 영향이 다양하다면 도산기업의 이해
관계자들을 대상으로 한 연구는 점점 더 많은 이용자들을 갖게 될
것이다. 둘째 도산에 관한 문제는 경제적인 면뿐 아니라 법률적인
면도 혼합되어 있다. 본 연구를 수행하는 과정에서 법조계의 선행연
구가 있었다면 더 나은 결과를 얻을 수 있었을 것이다. 예를 들자면
법정관리결과를 예측하기 위한 변수의 선정과정에서 법적 실무지식
에 근거하였다면 더 유용한 변수가 선정될 수도 있었을 것이다.

|참고문헌|

김광년, 1992, 회사정리법의 제문제, 인권과 정의 (3월호): 33-55.

김민철, 1986, 기업도산결과예측에 관한 실증적 연구, 석사학위논문, 서강대학교.

남일총, 1993, 부실기업정리제도의 경제적 분석, 한국개발연구 (15권 2): 3-39.

선우석호, 1990, 한국기업의 재무구조결정요인과 자본비용, 재무연구 제3호: 61-80

송병국, 1992, 회사정리법의 문제점과 개선방안, 상장협 (추계호): 108-121.

이병종, 1987, 도산기업정리에 관한 실증적 연구, 석사학위논문, 한국외국어대학교.

이철송, 1992, 회사정리의 정책성과 형평성, 인권과 정의 (3월호): 8-17.

임채홍, 1985, 회사정리법개설, 고시계.

전성빈, 1988, The Outcome of Bankruptcy in the United States, 경상논총 (제16집), 서강대학교: 107-121.

_____, 1989, 부실기업처리의 유형에 관한 연구, 경상논총 (제17집), 서강대학교: 177-190.

_____, 1990, 도산공시의 정보효과에 관한 연구, 서강경영논총 (제1집), 서강대학교: 211-224.

_____, 1993, 기업도산 결과에 관한 소고, 벤처금융(여름호), 한국기술금융 56-65 정혜영, 김지홍, 주진규, 전성빈, 윤성식, 1993, 자본시장과 회계정보, 양영각. 최길현, 권영택, 1988, 중소기업도산론, 신용보증기금.

최익종, 1988, 도산기업의 갱생과 소멸에 관한 연구, 석사학위논문, 청주대학교.

Aivazian, Varouj A. and Jeffrey L. Callen, 1983, Reorganization In Bankruptcy And The Issue Of Strategic Risk, *Journal of Banking and Finance* v7(1): 119-134.

Altman, E., 1968, Financial Ratios Discriminant Ananlysis and the Prediction of Corporate Bankruptcy, *Journal of Finance* (September): 589-609.

_____, 1993, *Corporate Financial Distress and Bankruptcy*, 2nd, John Wiley & Sons, Inc.

Arrow, K., 1970, *Essays in the Theory of Risk-bearing*, North-Holland Publishing Company, 1970.

Beaver, W., 1966, Financial Ratios As Predictors Of Failure, *Journal of Accounting Research* v4(Supp): 71-111.

_____, 1968, Market Prices, Financial Ratios, and the Prediction of Failure, *Journal of Accounting Research* (Autumn): 179-192.

Brown, David T., 1989, Claimholder Incentive Conflicts In Reorganization: The Role Of Bankruptcy Law, Review *of Financial Studies* v2(1): 109-123.

Casey, Cornelius, Victor E. McGee and Clyde P. Stickney, 1986 Discriminating Between Reorganized And Liquidated Firms In Bankruptcy, *Accounting Review* v61(2): 249-262.

Chun, S., 1984, *The Outcome of Bankruptcy: Model and Empirical Test*, Manuscript, New York University.

Eberhart, Allan C., William T. Moore and Rodney L. Roenfeldt., 1990, Security Pricing And Deviations From The Absolute Priority Rule In Bankruptcy Proceedings, *Journal of Finance* v45(5): 1457-1470.

Fabozzi, Howe, Makabe, Sudo, 1993, Recent Evidence on the Distribution Patterns in Chapter 11 Reorganization, *Journal of Fixed Income* (March): 6-23.

Frank, J. and Torous, W., 1989, An Empirical Investigation of U.S. firms in Reorganization, *Journal of Finance* (July): 747-769.

Ghosh, G., James E. Owers and Ronald C. Rogers. 1991, The Financial Characteristics Associated With Voluntary Liquidation, *Journal of Business Finance And Accounting* v18(6): 773-790.

Giammarino, Ronald M., 1989, The Resolution Of Financial Distress, *Review of Financial Studies* v2(1): 25-48.

Gilson, Stuart C., 1989, Management Turnover And Financial Distress, *Journal of Financial Economics* v25(2): 241-262.

Haugen, Robert A. and Lemma W. Senbet., 1988, Bankruptcy And Agency Costs: Their Significance To The Theory Of Optimal Capital Structure, *Journal of Financial and Quantitative Analysis* v23(1): 27-38.

_____, 1978, The Insignificance of Bankruptcy Costs to the Theory of Optimal Capital Structure, *Journal of Finance* v45 (May): 383-393.

Hudson, John., 1986, An Analysis Of Company Liquidations, *Applied Economics* v18(2): 219-235.

_____, 1987, The Age, Regional, And Industrial Structure Of Company Liquidations, *Journal of Business Finance And Accounting* v14(2): 199-214.

_____, 1992, The Impact Of The New Bankruptcy Code Upon The Average Liability Of Bankrupt Firms, *Journal of Banking and Finance* v16(2) 351-372.

Jensen, M. C., 1986, Agency Costs of Free Cash Flow, Corporate Finance and Takeovers, *American Economic Review* 76 (May): 323-329.

John, Kose and Teresa A. John., 1992, Coping With Financial Distress: A Survey Of Recent Literature In Corporate Finance, *Financial Markets, Institutions and Instruments* v1(5): 63-78.

110

Johnson, D., Wolfe, G., Lynch, L., 1991, A Market Assessment of Bankruptcy Costs and Liquidation Costs, ed Edward I. Altman, *Bankruptcy & Distressed Restructurings* (Ch 7), Business One Irwin.

Jones F. L., 1987, Current Techniques in Bankruptcy Prediction, *Journal of Accounting Literature* Vol.6: 131-164.

Kim, E. Han and John D. Schatzberg., 1987, Voluntary Corporate Liquidations, *Journal of Financial Economics* v19(2): 311-328.

Malinvaud, E., 1972, Lectures *on Microeconmic Theory*, North-Holland Publishing Co., Chapter 11.

Morse, Dale and Wayne Shaw., 1988, Investing In Bankrupt Firms, *Journal of Finance* v43(5): 1193-1206.

Ohlson, James A., 1980, Financial Ratios And The Probabilistic Prediction Of Bankruptcy, *Journal of Accounting Research* v18(1): 109-131.

Shleifer, A. and R. Vishny, 1986, Large Shareholders and Corporate Control, *Journal of Political Economy* 94 (June): 461-488.

Stiglitz, J. E., 1974, On the Irrelenance of Corporate Financial Policy, *American Economic Review* 64: 851-866.

Weiss, Lawrence A., 1992, Bankruptcy Resolution: Direct Costs And Violation Of Priority Of Claims, *Journal of Financial Economics* v27(2): 285-314.

White, Michelle J., 1981, Economics of Bankruptcy: Liquidation and Reorganization, Working Paper, New York University.

_____, 1989, The Corporate Bankruptcy Decision, *Journal of Economic Perspectives* v3(2): 129-152.

Wruck, Karen Hopper., 1990, Financial Distress, Reorganization, And Organizational Efficiency, *Journal of Financial Economics* v27(2): 419-444.

· 저자 ·

김민철   · 약 력 ·
(金敏哲)   중앙대학교 경영대학 졸업
            서강대학교 대학원 경영학석사
            서강대학교 대학원 경영학박사
            한국회계학회 이사 역임
            대한경영학회 편집이사 역임
            한국국제회계학회 상임이사
            호서대학교 사회대학 교수

            · 주요논저 ·
            「기업도산결과예측에 관한 연구」
            「법인세율변화가 기업의 이익관리에 미치는 영향」
            「Implied Volatility Dynamics in the foreign Exchange markets」
            『기업의 재무위기와 도산』
            외 다수

도산의 영향과 도산기업의 결과예측

· 초판 인쇄	2007년 3월 10일
· 초판 발행	2007년 3월 10일
· 지 은 이	김민철
· 펴 낸 이	채종준
· 펴 낸 곳	한국학술정보(주)
	경기도 파주시 교하읍 문발리 526-2
	파주출판문화정보산업단지
	전화 031) 908-3181(대표) · 팩스 031) 908-3189
	홈페이지 http://www.kstudy.com
	e-mail(출판사업부) publish@kstudy.com
· 등 록	제일산-115호(2000. 6. 19)
· 가 격	7,000원

ISBN   978-89-534-6669-2 93320 (Paper Book)
       978-89-534-6670-8 98320 (e-Book)